COMMUNION AVEC DIEU

Neale Donald Walsch

Traduit de l'américain par Michel Saint-Germain

Ariane Éditions

Titre original anglais :
Communion with God
© 2000 par Neale Donald Walsch
Publié par G.P. Putnam's Sons
375 Hudson Street, New York, NY, USA 10014

© 2001 pour l'édition française
Ariane Éditions inc.
1209, av. Bernard O., bureau 110, Outremont, Qc, Canada H2V 1V7
Téléphone : (514) 276-2949, télécopieur : (514) 276-4121
Courrier électronique : ariane@mlink.net
site internet : ariane.qc.ca

Tous droits réservés

Traduction : Michel Saint-Germain
Révision : Martine Vallée
Révision linguistique : Monique Riendeau et Marielle Bouchard
Illustration : Pascale Simard
Graphisme : Carl Lemyre

Première impression : janvier 2001

ISBN : 2-920987-48-8
Dépôt légal : 1er trimestre 2001
Bibliothèque nationale du Québec
Bibliothèque nationale du Canada
Bibliothèque nationale de Paris

Diffusion
Québec : ADA Diffusion – (450) 929-0296
Site Web : www.ada-inc.com
France : D.G. Diffusion – 05.61.000.999
Belgique : Rabelais – 22.18.73.65
Suisse : Transat – 23.42.77.40

Imprimé au Canada

À Dieu,
avec amour

Table des matières

──────── *Troisième partie* ────────
À la rencontre du créateur intérieur

COMMUNION AVEC DIEU

Introduction

Bienvenue ici, en ce livre.
Je vous invite à envisager quelque chose d'extraordinaire. Je vous invite à considérer la possibilité que ce livre ait été créé expressément pour vous.

Si l'idée vous convient, vous êtes sur le point de faire l'une des expériences les plus puissantes de votre vie. Je vous invite à envisager quelque chose d'encore plus extraordinaire.

Je vous invite à examiner la possibilité que ce livre ait été créé pour vous *et par vous.*

Si vous pouvez concevoir un monde dans lequel les choses ne vous arrivent pas mais se produisent *par votre intermédiaire,* vous aurez saisi le message que vous vouliez vous envoyer à vous-même par le biais de ces sept phrases.

On ne peut demander à un livre de dévoiler plus rapidement son message.

Bienvenue en cet instant.
Vous êtes « bien venu » ici, car cet instant a été conçu par vous, pour vous amener à l'expérience bénie que vous êtes sur

le point de vivre.

Vous avez cherché les réponses aux questions les plus importantes de la vie. Vous les avez cherchées souvent, sérieusement et sincèrement, sinon vous ne seriez pas venu jusqu'ici.

Cette recherche s'est poursuivie en vous, que vous en ayez fait ou non une part importante de votre vie extérieure ; voilà pourquoi vous avez choisi ce livre.

En comprenant cela, vous avez dénoué l'un des plus grands mystères de la vie : *Pourquoi les choses arrivent comme elles arrivent ?*

Tout cela, en quatorze phrases.

Bienvenue à cette rencontre avec le Créateur.

C'est un rendez-vous que vous n'auriez pas pu éviter. Tout le monde rencontre le Créateur. Il ne s'agit pas de savoir si tel est le cas, mais quand.

Les gens qui recherchent la vérité avec sincérité vivent cette rencontre plus tôt. L'honnêteté est un aimant. Elle attire la Vie. Et la Vie est un synonyme de Dieu.

Celui qui cherche honnêtement reçoit honnêtement. La vie ne se ment pas à elle-même.

Voilà pourquoi vous êtes arrivé ici, devant ces mots. Vous vous êtes placé ici, et ce n'est pas un hasard. Pensez bien à la façon dont cela s'est produit, et vous verrez.

Croyez-vous au processus de la divine inspiration ? Moi, oui. J'y crois pour vous et j'y crois pour moi.

Certains n'aiment pas qu'un autre dise avoir reçu l'inspiration de Dieu. Selon moi, il y a plusieurs raisons à cela.

Premièrement, la plupart des gens ne croient pas avoir jamais été *eux-mêmes* inspirés par Dieu, du moins pas au sens le plus immédiat – c'est-à-dire par la communication directe ;

par conséquent, quiconque le prétend devient immédiatement suspect.

Deuxièmement, affirmer que Dieu vous inspire paraît un peu arrogant et implique que cette inspiration n'est ni discutable ni lacunaire étant donné ses origines.

Troisièmement, ceux qui se sont réclamés de l'inspiration divine n'ont pas tous été les êtres les plus vivables. Prenez par exemple Mozart, Rembrandt, Michel-Ange, de nombreux papes ainsi que d'innombrables individus qui ont fait des folies au nom de Dieu.

Finalement, ces hommes et ces femmes qui nous paraissent avoir *vraiment* reçu l'inspiration divine, nous en avons fait des saints, à tel point que nous ne savons pas trop comment les traiter ni comment communiquer normalement avec eux. Bref, malgré leur caractère extraordinaire, ils nous mettent parfois mal à l'aise. Nous sommes donc plutôt méfiants si quelqu'un allègue recevoir des confidences de Dieu. Sans doute devons-nous le rester. Nous n'allons tout de même pas avaler tout ce qu'on nous dit uniquement parce que le message proviendrait du Très-Haut.

Mais comment distinguer avec certitude la divine inspiration de ce qui n'en est pas ? Comment savoir sans se tromper si quelqu'un livre la vérité éternelle ?

Ah, voilà la grande question. Mais voici le grand secret. Nous n'avons pas à le savoir. Tout ce que nous devons connaître, c'est *notre* vérité, pas celle d'un autre. Si nous comprenons cela, nous comprenons tout. Nous sommes en mesure de saisir que les autres ne disent pas nécessairement la Vérité, mais nous mènent à la nôtre. Et ce sera bel et bien le cas. En définitive, il ne pourra en être autrement. Tout nous conduit à *notre* vérité intérieure la plus profonde. *C'est le but de toutes choses.*

En effet, c'est le but de la Vie même.

La Vie, c'est la vérité qui se révèle à elle-même.

Dieu, c'est la Vie qui se révèle à elle-même.

Vous ne pourriez arrêter ce processus, même si vous le vouliez. Mais vous pouvez l'accélérer. *C'est ce que vous êtes en train de faire ici même.* Voilà pourquoi vous vous êtes dirigé vers ce livre. Cet ouvrage ne prétend pas à la Vérité. Il est censé vous guider vers votre sagesse intérieure la plus profonde. Pour cela, vous n'avez pas à accepter son contenu. En fait, cela n'a aucune importance. Si vous l'acceptez, ce sera parce que vous y voyez votre propre sagesse. Sinon, ce sera parce que vous n'y voyez pas votre propre sagesse. Dans un cas comme dans l'autre, vous aurez été ramené à votre propre sagesse.

Alors, remerciez-vous pour ce livre, car il vous a déjà ramené à la clarté sur un point majeur : *l'autorité suprême réside en vous.*

Car chacun de nous a un lien direct avec le Divin.

Chacun de nous est capable d'accéder à la sagesse éternelle. En effet, je crois que Dieu nous inspire tous, à tout moment. Nous avons tous fait cette expérience, mais certains d'entre nous ont choisi de l'appeler autrement :

heureux hasard,
coïncidence,
chance,
accident,
expérience bizarre,
rencontre fortuite,
peut-être même divine intervention.

Nous paraissons disposés à reconnaître que Dieu intervient dans notre vie, mais incapables d'adopter l'idée que Dieu puisse vraiment, directement, nous inspirer telle pensée, telle parole ou telle action. Cela semble dépasser les limites. Je vais dépasser les limites.

Je vous dis ceci : selon moi, c'est sous l'inspiration divine que j'ai écrit ce livre et que vous l'avez choisi. Mettons cette idée à l'épreuve quant aux raisons que vous pourriez avoir de vous méfier à cet égard.

Premièrement, comme je l'ai dit, il est clair pour moi que nous sommes tous inspirés par Dieu, à tout moment. Je n'entends pas par là que vous et moi sommes uniques, ou que Dieu nous a accordé un pouvoir singulier ou une dispense nous permettant de communier avec le Divin. Je crois que tout le monde est dans cet état de communion continuelle et que nous pouvons en faire l'expérience chaque fois que nous le choisissons. Selon moi, en effet, c'est la promesse d'un grand nombre de religions.

Deuxièmement, je ne crois pas que, parce qu'on vit un instant de contact ouvert avec le Divin, nos paroles, nos gestes ou nos écrits deviennent infaillibles. Malgré tout le respect que je dois à toute religion ou tout mouvement qui prétendrait à l'infaillibilité de son fondateur ou de son chef actuel, je crois *vraiment* possible que des personnes ayant reçu la divine inspiration se trompent. En fait, je pense qu'elles le font régulièrement. Par conséquent, je ne crois pas que chaque mot de la Bible, du Bhagavad-Gita ou du Coran soit vrai au sens littéral, que chacune des paroles du pape soit juste lorsqu'il parle ex cathedra, ou que chacune des actions entreprises par Mère Teresa ait été bonne ou parfaite. Je crois, par contre, que Mère Teresa parlait sous la divine inspiration, bien que ce ne soit pas l'infaillibilité.

Troisièmement, on peut trouver fort difficile de vivre avec moi (personne ne le sait davantage que ceux qui l'ont fait), et même si je n'avance pas que vous êtes imparfait, je ne pense pas que mes propres imperfections me rendent indigne de recevoir l'aide et les conseils directs de Dieu. *Bien au contraire !* Finalement, je ne crois pas être en danger de « sainteté » au point de rendre quiconque mal à l'aise. Encore là, bien au contraire, peut-être. Si les gens le sont avec moi, c'est probablement parce que je manque de sainteté. Pratiquer ce que je prêche est un défi. Je peux écrire et dire des choses très inspirantes, mais je me surprends parfois à faire des choses qui le sont peu. Je chemine sur la voie et je n'ai aucunement atteint ma destination. Je ne m'en approche d'ailleurs pas. La seule différence entre ce moi actuel et celui de jadis, c'est que maintenant, j'ai au moins *trouvé* cette voie. Pour moi, c'est déjà un grand pas de plus. J'ai passé la plus grande partie de ma vie sans même savoir où j'allais – puis à me demander pourquoi je n'y arrivais pas.

Aujourd'hui, je sais où je vais. Je retourne à ma nature véritable, à la pleine conscience et à l'expérience de ma communion avec Dieu. Et rien ne pourra m'empêcher d'y arriver. Dieu me l'a promis. Et je crois enfin en cette promesse.

Dieu m'a également montré la voie. En fait, non pas *la* voie, mais *une* voie. Car la plus grande vérité de Dieu, c'est qu'il n'y a pas qu'un chemin vers sa propre nature, mais plusieurs. Mille parcours mènent à Dieu, et chacun vous y conduira.

En effet, toutes les voies vous guident vers Dieu. Car on ne peut aller nulle part ailleurs.

C'est de cela que traite ce livre : de la façon de revenir à sa nature véritable. Il parle de l'expérience de l'union avec le Divin ou de ce que j'appelle la communion avec Dieu. Il décrit une route qui mène à cette expérience, qui traverse nos illusions pour atteindre l'ultime réalité.

Ce livre parle d'une seule voix. Je crois que celle de

Dieu, l'inspiration de Dieu, la présence de Dieu passent par moi et par vous. Si je ne croyais pas que la voix de Dieu, l'inspiration de Dieu et la présence de Dieu pouvaient passer par nous tous, je devrais cesser de croire que Dieu ait pu inspirer toutes les religions du monde.

Je n'y suis pas prêt. Je crois qu'à cet égard les religions ont raison : Dieu vient vraiment dans notre vie, comme une présence réelle, et nous n'avons pas besoin d'être des saints ou des sages pour que cela se produise.

Vous n'avez pas à le croire, ni aucun des mots qui couvrent ces pages. En effet, mieux vaudrait que vous ne les croyiez pas. Ne croyez rien de ce que vous trouverez ici.

Sachez.

Sachez, tout simplement.

Sachez si l'un d'entre eux est votre vérité. Dans ce cas, il paraîtra vrai – car vous aurez été à nouveau réuni à votre sagesse fondamentale. De toute façon, vous en aurez tiré un énorme avantage, car vous aurez vécu, en cet instant de réunification, *votre propre communion avec Dieu.*

Voilà ce que vous aviez en tête en venant ici.

En ces pages.

Et sur cette planète.

Soyez béni.
Neale Donald Walsch
Ashland, Oregon
Juillet 2000

Prélude

Dieu s'est adressé à vous à maintes reprises, de maintes façons, pendant maintes années, mais rarement d'une manière aussi directe.

Cette fois, je vous parle *en tant que* Vous, et ce n'est arrivé qu'à quelques reprises au cours de votre existence.

Peu d'humains ont eu le courage de m'entendre ainsi – en tant qu'eux-mêmes. Encore moins ont partagé avec d'autres ce qu'ils ont entendu. Les rares personnes qui ont écouté et partagé ont changé le monde.

Ésope, Confucius, Lao-tseu, Bouddha, Mahomet, Moïse et Jésus en faisaient partie.

Tout comme Tchouang-tseu, Aristote, Houang-po, Saraha, Mahavira, Krishnamurti.

Également, Paramahansa Yogananda, Ramana Maharshi, Kabir, Ralph Waldo Emerson, Thich Nhat Hanh, le dalaï-lama, Elizabeth Clinton.

De même que Sri Aurobindo, Mère Teresa, Meher Baba, le Mahatma Gandhi, Khalil Gibran, Baha'Ullah, Ernest Holmes et Sai Baba.

Sans compter Jeanne d'Arc, François d'Assise, Joseph Smith... et beaucoup d'autres. Cette liste pourrait se poursuivre. Mais par rapport à l'ensemble des humains qui ont habité votre planète, ce nombre est minuscule.

Ces rares individus ont été mes messagers – car tous ont présenté la vérité de leur cœur, au meilleur de leur compréhension, avec autant de pureté que possible. Et même s'ils l'ont fait à travers des filtres imparfaits, ils ont porté à votre conscience une sagesse extraordinaire dont toute la race humaine a bénéficié.

Ce qui étonne, c'est à quel point leurs révélations se ressemblent. Elles ont été présentées à des époques et en des lieux différents, séparées par des siècles et des multitudes, mais on pourrait croire qu'elles l'ont été en même temps, tellement elles varient peu, tant leurs ressemblances sont énormes.

Le moment est venu d'ajouter à cette liste d'autres gens, aujourd'hui vivants, qui seront mes récents messagers.

Nous parlerons d'une même voix.

Ou peut-être pas.

Le choix vous appartient, comme toujours. Car, chaque instant présent, vous prenez votre décision et l'annoncez sous la forme d'une action.

Au commencement, vos pensées sont miennes et les miennes sont vôtres. Il ne peut en être autrement. Il n'y a qu'une source à ce qui est, et cette unique source *est* ce qui est.

Toute chose émane de cette source, puis envahit tout l'être et se révèle en tant qu'élément différencié du Tout.

Les interprétations individuelles de l'unique message produisent le miracle de l'unité polymorphe.

Cette unité polymorphe, c'est ce que vous appelez la vie.

La vie, c'est Dieu soumis à l'interprétation. C'est-à-dire *traduit* en plusieurs formes.

Le premier niveau de traduction va de l'immatériel unifié à l'immatériel différencié.

Le deuxième va de l'immatériel différencié au matériel différencié.

Le troisième, du matériel différencié au matériel unifié. Le quatrième, du matériel unifié à l'immatériel unifié. Ainsi, le cycle de vie est complet.

Le processus continuel de la traduction de Dieu produit une variété infinie au sein de l'unité de Dieu. Cette variété dans l'unité, c'est ce que j'ai appelé la « différenciation ». C'est l'expression différenciée de ce qui n'est pas séparé, mais qui peut être exprimé différemment.

Le but de l'expression individuelle, c'est que je fasse l'expérience de moi-même en tant que tout, à travers l'expérience de mes parties. Et même si le tout est plus grand que la somme des parties, je ne peux en faire l'expérience qu'en connaissant la somme.

Voilà donc qui vous êtes.

Vous êtes la somme de Dieu.

Je vous l'ai dit à maintes reprises et plusieurs d'entre vous ont entendu *le fils*[1] de Dieu. C'est juste, cela aussi. Vous êtes les fils et les filles de Dieu. Peu importe l'étiquette ou le nom, cela revient au même : vous êtes la somme de Dieu.

De même que tout ce qui vous entoure. Tout ce que vous voyez ou non. Tout ce qui est, a toujours été et sera jamais, c'est Moi. Et tout ce que je suis, c'est maintenant que je le suis.

Je suis ce que je suis – comme je vous l'ai souvent répété.

---

1. *The Sum of God* = « la somme de Dieu ». *The son of God* = « le fils de Dieu ». (NDT)

Rien de ce que j'ai été, je n'ai cessé de l'être. Et il n'y a rien de ce que je serai que je ne sois maintenant. Je ne peux rien devenir que je ne sois déjà, ni ne puis-je cesser d'être ce que j'ai été.

Ainsi en était-il au commencement, en est-il maintenant et en sera-t-il à jamais, dans les siècles des siècles. Amen.

Je viens vers vous, à l'instant même où vous entamez un autre millénaire, pour que vous puissiez commencer mille nouvelles années autrement : en me connaissant enfin, en me choisissant d'abord et en étant Moi tout le temps, de toutes les façons.

Il n'y a aucune erreur dans la synchronicité du moment. J'ai entamé ces révélations au début de la décennie qui vient de se terminer, j'ai conversé avec vous au cours des dernières années du siècle et, à la fin du millénaire précédent, je vous ai rappelé comment vous pouviez entretenir une amitié avec moi.

À présent, en ces premières années du nouveau millénaire, je vous parle d'une seule voix pour que nous puissions vivre la communion.

Si vous choisissez cette expérience de communion avec Dieu, vous connaîtrez enfin la paix, la joie sans bornes, l'amour dans sa pleine expression et la liberté totale.

Si vous choisissez cette vérité, vous changerez votre monde.

Si vous choisissez cette réalité, vous la créerez et ferez enfin l'expérience intégrale de votre nature véritable.

Ce sera à la fois la chose la plus difficile et la plus facile de votre vie.

La plus difficile parce que vous devrez renier qui vous croyez être et cesser de me renier. La plus facile parce que vous n'aurez rien à faire.

Tout ce que vous avez à faire, c'est d'être, et tout ce que

vous avez à être, c'est moi.

Même cela, ce ne sera pas un acte de volonté, mais une simple reconnaissance. Cela n'exigera pas un geste, mais un simple aveu. Que j'ai toujours cherché, d'ailleurs. Lorsque vous me l'accorderez, vous me permettrez d'entrer dans votre vie. Vous admettrez que vous et moi ne faisons qu'un. Ce sera votre billet pour le paradis. Il y est écrit : *Entrée pour une personne²*.

Quand j'aurai été admis dans votre cœur, vous entrerez au paradis. Et votre paradis peut être sur la Terre. Tout pourra vraiment être « sur la Terre comme au Ciel » lorsque le temps de la séparation sera fini et que celui de l'union sera proche.

L'union avec moi et avec tout ce qui vit.

C'est ce que je suis venu vous dire une fois de plus, par l'entremise des messagers actuels. Vous les reconnaîtrez au fait qu'ils apporteront tous le même message :

Nous sommes tous Un.

C'est le seul message qui importe. C'est le seul qui soit. Le reste de la vie le reflète. Tout le reste y renvoie.

Que vous ne l'ayez pas encore reçu (vous l'avez souvent *entendu*, mais vous ne l'avez pas *reçu*), voilà ce qui a provoqué chaque malheur, chaque peine, chaque conflit, chaque chagrin que vous avez vécu. C'est ce qui a engendré chaque meurtre, chaque guerre, chaque viol, chaque vol, chaque agression et chaque attaque, mentale, verbale et physique. C'est ce qui a entraîné chaque maladie et occasionné chaque rencontre avec ce que vous appelez « la mort ».

---

2. *Admit one. Admission* = « aveu » et « entrée ». (NDT)

L'idée que nous ne faisons *pas* qu'Un est une illusion.

La plupart des gens croient en Dieu. Seulement, ils ne croient pas en un Dieu qui croit *en eux.* Dieu croit pourtant en eux. Et Dieu les aime plus que la plupart d'entre eux ne le savent.

On pense à tort que Dieu est devenu, il y a longtemps, muet comme une carpe et qu'il a cessé de s'adresser à la race humaine.

On croit à tort que Dieu est en colère contre la race humaine et qu'il l'a chassée du paradis.

On croit à tort que Dieu s'est fait juge et jury et décide ainsi d'envoyer des humains au ciel ou en enfer.

Dieu aime tous les humains, qu'ils soient du passé, du présent ou de l'avenir.

Dieu désire que chaque âme retourne à Dieu, et il ne peut pas ne pas réaliser ce désir.

Dieu n'est séparé de rien, et rien n'est séparé de Dieu.

Dieu n'a besoin de rien, car Dieu est tout ce qui existe.

Voilà la bonne nouvelle. Tout le reste est illusion.

La race humaine se fait depuis longtemps des illusions. Non pas parce qu'elle est stupide, mais bien au contraire parce qu'elle est très brillante. Les humains ont compris intuitivement que les illusions ont un but, d'ailleurs fort important. La plupart ont tout simplement oublié qu'ils le savent.

Et ils ont oublié qu'*en soi,* le fait de l'oublier fait partie de ce qu'ils ont oublié – et, par conséquent, fait partie de l'illusion.

À présent, il est temps que les humains se rappellent.

Vous faites partie de l'avant-garde de ce processus. Rien d'étonnant à cela, étant donné votre vie jusqu'ici.

Vous vous êtes dirigé vers ce livre pour vous rappeler les

Illusions de l'Homme, afin qu'on ne vous y reprenne plus jamais, et pour accomplir la communion avec Dieu, une fois de plus, en vivant votre vie dans la conscience de l'Ultime Réalité.

Vous l'avez fait et c'est parfait. De toute évidence, ce n'est pas par hasard.

Vous êtes venu afin de savoir *de façon expérientielle* que Dieu réside en vous, que vous pouvez, à volonté, rencontrer le Créateur.

Vous pouvez connaître et reconnaître le Créateur en vous et tout autour de vous. Mais vous devez dépasser les Illusions de l'Homme. Vous devez les ignorer.

Voici les Dix Illusions. Apprenez-les bien afin de pouvoir les reconnaître aisément.

1. Le besoin existe.
2. L'échec existe.
3. La désunion existe.
4. Le manque existe.
5. L'obligation existe.
6. Le jugement existe.
7. La condamnation existe.
8. Il existe des conditions.
9. La supériorité existe.
10. L'ignorance existe.

Les cinq premières sont les Illusions physiques, celles qui concernent la vie dans votre corps matériel. Les cinq autres sont d'ordre métaphysique et renvoient aux réalités immatérielles.

Dans cette communication, chacune de ces illusions sera explorée en détail. Vous verrez comment chacune a été créée et de quelle manière elle a affecté votre vie. Et avant la fin de cette communication, vous verrez aussi comment, au besoin, vous défaire de tout effet de ces illusions.

La première étape du processus de toute communication véritablement ouverte, c'est d'être prêt à suspendre votre incrédulité à propos de ce que vous lisez. Vous devez décider maintenant. S'il vous plaît, abandonnez temporairement toute notion antérieure de Dieu et de la vie. N'ayez crainte, vous pourrez à tout moment y retourner. Il ne s'agit pas d'abandonner vos idées à jamais, mais tout simplement de les mettre de côté pour l'instant, afin d'*admettre la possibilité qu'il y ait quelque chose que vous ne connaissez pas et qui pourrait tout changer dans le cas contraire.*

Par exemple, examinez votre réaction à l'idée que Dieu soit à présent en train de communiquer avec vous.

Dans le passé, vous avez trouvé toutes sortes de raisons de ne pas accepter le fait d'avoir une véritable conversation avec Dieu. Je vous demande d'oublier quelque peu ces pensées et de supposer que vous recevez cette communication directement de moi.

Pour faciliter votre tâche, la plupart du temps au cours de cette communication, je parlerai de moi à la troisième personne. Je reconnais qu'il peut vous paraître un peu déroutant de m'entendre utiliser la première personne du singulier comme par le passé. Je m'y adonnerai de temps à autre (uniquement pour vous rappeler qui vous apporte cette information), mais la plupart du temps, je dirai tout simplement « Dieu » au lieu de « je ».

Même s'il vous paraît improbable, au départ, de recevoir une communication directe de la Déité, vous devez comprendre que vous vous êtes dirigé vers cette communication pour vous rappeler, enfin, Qui Vous Êtes Vraiment, et les illusions que vous avez créées. Bientôt, vous saisirez profondément que vous avez véritablement attiré ce livre à vous. Pour l'instant, contentez-vous de m'écouter quand je vous dis que, la plupart du temps, *vous vivez dans l'illusion.*

Les Dix Illusions de l'homme sont des illusions très fortes que vous avez créées pendant la première partie de votre expérience sur la Terre. Chaque jour, vous en créez des centaines d'autres de moindre importance. Parce que vous y croyez, vous avez créé un récit culturel qui vous permet de les vivre et, ainsi, de les rendre réelles.

Elles ne sont pas *vraiment réelles*, bien sûr. Mais vous avez créé un pays des merveilles semblable à celui d'Alice, dans lequel elles paraissent fort réelles. Comme le Chapelier fou, vous niez la fausseté de ce qui est faux et la vérité de ce qui est vrai.

En vérité, vous faites cela depuis fort longtemps.

Un récit culturel est une histoire qui s'est transmise de génération en génération, au cours des siècles et des millénaires. C'est ce que vous vous racontez sur vous tous.

Parce que votre récit culturel est fondé sur des illusions, il produit des mythes au lieu d'une compréhension de la réalité.

Voici le récit culturel des humains :

1. Dieu a des intentions. (Le besoin existe.)
2. L'issue de la vie est incertaine. (L'échec existe.)
3. Vous êtes séparés de Dieu. (La désunion existe.)
4. Il y a pénurie. (Le manque existe.)
5. Vous devez faire quelque chose. (Il existe des exigences.)
6. Si vous ne le faites pas, vous serez punis. (Le jugement existe.)
7. La punition est la damnation éternelle. (La condamnation existe.)
8. Par conséquent, l'amour est conditionnel. (Il existe

des conditions.)
9. Le fait de connaître les conditions et d'y répondre fait
   de vous un être supérieur. (La supériorité existe.)
10.Vous ne savez pas que ce sont des illusions. (L'ignorance existe.)

Ce récit culturel est tellement ancré en vous que vous le
vivez pleinement et complètement, à présent. Vous vous
dites, entre vous, que « c'est comme ça, tout simplement ».
Vous le faites depuis des siècles. Depuis des millénaires.
Depuis si longtemps, en fait, que des mythes se sont déve-
loppés autour de ces illusions et de ces récits. Certains des
mythes les plus saillants ont été réduits à ces concepts :

• Que ta volonté soit faite.
• La survie du plus fort.
• Aux vainqueurs le butin.
• Vous êtes nés dans le péché originel.
• Le salaire du péché, c'est la mort.
• Mienne sera la vengeance, dit le Seigneur.
• Ce que vous ne savez pas ne peut pas vous nuire.
• Dieu seul le sait.

... et bien d'autres, tout aussi destructeurs et inutiles.
À partir de ces illusions, de ces récits et de ces mythes –
sans aucun rapport avec l'Ultime Réalité –, voici comment de
nombreux humains en sont venus à voir la Vie :

« *Nous naissons dans un monde hostile dirigé par un
Dieu qui nous dit quoi faire et ne pas faire et qui nous punira
par la torture éternelle si nous ne faisons pas la différence.*

« *Notre première expérience en cette VIE, c'est la séparation de notre mère, Source de Vie. Cela crée toute cette*

réalité dans laquelle nous nous voyons séparés de Toute *Vie.* « *Nous sommes non seulement séparés de toute Vie, mais de tout ce qui est* dans *la vie. Tout existe séparément de nous. Et nous sommes séparés de tout ce qui existe. Nous ne voulons pas qu'il en soit ainsi, mais cela est. Nous aimerions qu'il en soit autrement et, en effet, nous nous battons dans ce but.*

« *Nous cherchons à retrouver l'unité avec tout, surtout les uns avec les autres. Nous ne savons peut-être pas pourquoi, exactement, mais cela nous semble presque instinctif. Naturel. Le seul problème, c'est que l'extérieur ne nous comble pas. Peu importe ce que nous voulons, nous n'en avons jamais assez. Nous n'avons pas assez d'amour, de temps, d'argent. Nous n'avons pas assez de ce dont nous croyons avoir besoin pour être heureux et comblés. Dès que nous croyons en avoir assez, nous en voulons davantage.*

« *Comme nous n'avons pas assez de ce qu'il nous faut, croyons-nous, pour être heureux, nous devons "faire quelque chose" pour en obtenir le plus possible. Nous devons faire certaines choses en échange de tout, que ce soit l'amour de Dieu ou l'abondance naturelle de la Vie. Il ne suffit pas "d'être en vie".* Par conséquent, nous, *comme toute la vie,* ne sommes pas à la hauteur.

« *Parce qu'il ne suffit pas "d'être" tout simplement, la rivalité commence. S'il y a pénurie, nous devons lutter pour obtenir ce qu'il y a.*

« *Nous devons rivaliser pour obtenir tout,* y compris Dieu.

« *Cette compétition est dure. Elle concerne notre survie même. Dans ce combat, seul le plus fort survit. Aux vainqueurs le butin. Si nous perdons, nous vivons un enfer sur la Terre. Et après notre mort, si nous sortons perdants de cette rivalité pour atteindre Dieu, nous retournons en enfer – cette fois, à jamais.*

« *En fait, la mort a été créée par Dieu à cause des erreurs de nos ancêtres. Adam et Ève avaient la vie éternelle au jardin d'Éden.* Mais Ève a mangé du fruit de l'arbre de la connaissance du bien et du mal, et Adam et elle ont été chassés du jardin par un Dieu courroucé. Comme première punition, ce Dieu les a condamnés à mourir, eux et toute leur descendance, à jamais. *Dorénavant, la vie corporelle allait être limitée et non plus éternelle, tout comme la* substance *de la vie.*

« *Mais si nous n'enfreignons pas ses lois, Dieu nous redonnera la vie éternelle. L'amour de Dieu est inconditionnel ; seules ses récompenses ne le sont pas. Dieu nous aime même lorsqu'il nous voue à la damnation éternelle. Cela le blesse plus que nous, car il veut vraiment que nous retournions chez nous, mais il ne peut rien y faire si nous nous conduisons mal. À nous de choisir.*

« *Par conséquent, il n'est pas question de mal nous conduire. Nous devons mener une bonne vie. Nous y efforcer. Pour ce faire, nous devons savoir vraiment ce que Dieu veut ou non de notre part. Nous ne pouvons lui faire plaisir ni éviter de l'offenser si nous ne savons pas différencier le bien du mal. Nous devons donc connaître la vérité à cet égard.*

« *La vérité est simple à comprendre et facile à connaître. Nous n'avons qu'à écouter les prophètes, les maîtres, les sages, la source et le fondateur de notre religion. S'il y a plus d'une religion et, par conséquent, plus d'une source et d'un fondateur, nous devons nous assurer de choisir la bonne. Choisir la mauvaise pourrait nous reléguer dans le camp des perdants.*

« *Lorsque nous choisissons la bonne, nous sommes meilleurs que nos semblables, supérieurs à eux, car nous avons la vérité de notre bord. Le fait d'être "meilleurs" nous permet de décrocher la plupart des prix rattachés aux concours sans vraiment disputer ces derniers. Nous nous déclarons gagnants avant le début de la compétition. C'est conscients de cela que nous nous donnons tous les avantages et rédigeons nos "règles de vie" de façon qu'il soit presque impossible aux autres de remporter les grands prix.*

« Ce n'est pas par mesquinerie, mais uniquement pour nous assurer de la victoire, car elle nous revient, puisque ce sont ceux de notre religion, de notre nationalité, de notre race, de notre sexe, de notre orientation politique qui détiennent la vérité et, par conséquent, méritent d'être les gagnants.

« Parce que nous méritons de gagner, nous avons le droit de menacer des gens, de les combattre et même de les tuer, au besoin, afin d'arriver à ce résultat.

« Il y a peut-être une autre façon de vivre, Dieu a peut-être une autre idée en tête, une autre vérité plus grande, mais si c'est le cas, nous ne la connaissons pas. En fait, nous ne savons même pas si nous sommes censés en être informés. Il est possible que nous ne devions même pas tenter de la connaître, encore moins de connaître et de comprendre Dieu. Il est présomptueux d'essayer, et blasphématoire de déclarer l'avoir fait.

« Dieu est Celui qui connaît sans être connu, qui bouge sans bouger, le Grand Invisible. Par conséquent, nous ne pouvons connaître la vérité qu'on nous demande de connaître *afin de répondre aux conditions* auxquelles on nous demande de répondre *afin de recevoir l'amour* qu'on nous demande de recevoir *afin d'éviter la condamnation* que nous cherchons à éviter *afin d'avoir la vie éternelle* que nous avions déjà avant que tout cela ne commence.*

« Notre ignorance est malheureuse, mais ne devrait pas poser de problème. Nous n'avons qu'à croire sur parole ce que nous croyons vraiment *savoir – notre récit culturel – et*

à agir en conséquence. Nous nous sommes efforcés de le faire, chacun selon ses propres croyances, et avons produit la vie que nous vivons à présent et la réalité terrestre que nous sommes en train de créer. »

Voilà ce que s'imaginent la plupart des humains. Vous avez tous apporté des variantes mineures à cela, mais c'est essentiellement ainsi que vous vivez, que vous justifiez vos choix et en expliquez les résultats.

Certains d'entre vous n'acceptent pas tout, mais vous acquiescez tous à une partie. Et si vous consentez à fonctionner à partir de ces déclarations, ce n'est pas parce qu'elles reflètent votre sagesse la plus profonde, mais parce que *quelqu'un d'autre vous a dit qu'elles étaient vraies.*

Dans une certaine mesure, vous avez dû vous raconter des histoires.

C'est une fiction.

Le temps est venu de passer de la fiction au réel. Ce ne sera sans doute pas facile, car l'Ultime Réalité diffère largement de ce que bien des gens, dans votre monde, tiennent pour réel. Vous devrez, littéralement, « être dans ce monde sans lui appartenir ». Pourquoi donc le feriez-vous, si votre vie va bien ? Pour rien. Cela ne servirait à rien. Si vous êtes satisfait de votre vie et du monde tel qu'il est, vous n'avez aucune raison de chercher à changer votre réalité et de faire cesser toute cette fiction.

Ce message s'adresse à ceux qui ne le sont pas.

Nous allons maintenant examiner une à une les Dix Illusions.

Vous verrez comment chacune vous a tous amenés à créer la vie sur votre planète telle que vous la vivez actuellement.

Remarquez que chaque illusion tire parti de la précédente. Beaucoup paraissent grandement se ressembler. C'est parce qu'elles sont *vraiment* semblables. Toutes ne sont que des variations de la Première Illusion. Ce sont des distorsions plus grandioses de la distorsion originelle.

Remarquez également que chaque nouvelle illusion a été créée afin de corriger une faille dans la précédente. Finalement, lassés de combler des failles, vous avez tout simplement choisi de n'en rien comprendre. Ainsi, vous avez créé l'Illusion finale : l'ignorance existe.

Cela vous a permis de hausser les épaules et de cesser de vous acharner à résoudre le mystère.

Mais l'esprit en évolution ne permettrait pas très long-temps une telle retraite. En quelques courts millénaires – un laps de temps très bref, en effet, dans l'histoire de l'univers –, vous êtes arrivés au point où l'ignorance n'est plus salvatrice.

Vous êtes à la veille de sortir de la culture primitive. Vous êtes sur le point d'effectuer un saut quantique dans votre intelligence des choses. Vous êtes sur le point de traverser le voile... des Dix Illusions.

Première partie

Les Dix Illusions
de l'homme

Un

Illusion du Besoin

Voici la Première Illusion :

LE BESOIN EXISTE.

C'est non seulement la Première Illusion, mais aussi la plus grandiose. Elle soutient toutes les autres.

Tout ce que vous vivez actuellement, tout ce que vous ressentez maintenant, s'enracine dans cette idée et dans vos pensées à cet égard.

Le besoin n'existe nulle part dans l'univers. On n'a besoin de quelque chose que si on exige un résultat précis. L'univers ne réclame aucun résultat précis. L'Univers *est* le résultat.

De même, le besoin n'existe pas dans l'esprit de Dieu. Dieu n'aurait besoin de quelque chose que s'il exigeait un résultat précis. Dieu n'en revendique aucun. Dieu est ce qui produit *tous* les résultats.

Si Dieu imposait un résultat, où l'obtiendrait-il ? Rien n'est en dehors de Dieu. Dieu est Tout ce qui est, Tout ce qui fut et Tout ce qui sera. Rien n'existe qui ne soit Dieu.

Vous saisirez mieux cette idée en remplaçant le mot Dieu par le mot Vie. Comme ces deux termes sont interchangeables, cela n'en changera pas le sens, mais ne fera qu'accroître votre compréhension.

Rien n'existe en dehors de la Vie. Si la Vie avait besoin d'un résultat où l'obtiendrait-elle ? Rien n'est en dehors de ça. La Vie est tout ce qui fut, tout ce qui est et tout ce qui sera.

Dieu n'a besoin de rien d'autre que ce qui est en train de se produire.

La Vie n'a besoin de rien d'autre que ce qui est en train de se produire.

L'univers n'a besoin de rien d'autre que ce qui est en train de se produire.

C'est dans la marche des choses. C'est *vraiment* ainsi que cela se passe, et non comme vous l'avez imaginé.

En imagination, vous avez créé l'idée du Besoin, après avoir eu besoin de choses pour survivre. Mais supposons qu'il vous importe peu de vivre ou de mourir. De quoi auriez-vous besoin, alors ?

De rien du tout.

Et supposons qu'il vous soit impossible de *ne pas* vivre. De quoi auriez-vous besoin, alors ?

De rien du tout.

Voici donc la vérité en ce qui vous concerne : il vous est impossible de ne pas survivre. Vous ne pouvez pas *ne pas* survivre. La question n'est pas de savoir *si* vous vivrez, mais *comment*. C'est-à-dire : quelle forme prendrez-vous ? Quelle sera votre expérience ?

Je vous dis ceci : Vous n'avez besoin de rien pour survivre. Votre survie est garantie. Je vous ai donné la vie éternelle et ne vous l'ai jamais enlevée.

Là-dessus, vous répliquerez peut-être : oui, mais la survie est une chose et le bonheur en est une autre. Vous vous imaginerez peut-être avoir besoin de quelque chose afin de survivre *heureux* – de ne pouvoir être heureux qu'à certaines conditions. Ce n'est pas vrai, mais vous l'avez cru. Et parce que la croyance produit l'expérience, vous avez vécu ainsi et avez donc imaginé un Dieu qui devait, lui aussi, vivre ainsi. Mais ce n'est pas plus vrai pour Dieu que pour vous. La seule différence, c'est que *Dieu le sait.*

Lorsque *vous* le saurez, vous serez semblable à Dieu. Vous aurez maîtrisé la vie, et toute votre réalité changera.

Voici donc un grand secret : Le bonheur ne résulte pas de certaines conditions, mais certaines conditions, elles, résultent du bonheur.

C'est là une affirmation si importante qu'elle vaut la peine d'être répétée :

Le bonheur ne résulte pas de certaines conditions, mais certaines conditions, elles, résultent du bonheur.

Cette affirmation s'applique également à tous les autres états d'être.

L'amour ne résulte pas de certaines conditions, mais certaines conditions découlent de l'amour.

La compassion ne résulte pas de certaines conditions, mais certaines conditions dépendent d'elle.

L'abondance ne résulte pas de certaines conditions, mais certaines conditions naissent de l'abondance.

Ainsi en est-il de tout état d'être concevable. Il sera toujours vrai que l'Être précède et produit l'existence.

Parce que vous ne l'avez pas compris, vous avez supposé que certaines choses devaient arriver pour que vous soyez heureux – tout en imaginant un Dieu pour qui ce serait tout aussi vrai.

Mais si Dieu est la « cause première », que peut-il y avoir que Dieu n'ait causé au départ ? Et si Dieu est tout-puissant, que peut-il se produire que Dieu n'ait choisi ?

Est-il possible que quelque chose survienne sans que Dieu ne puisse l'arrêter ? Et si Dieu choisit de ne *pas* l'arrêter, l'événement même n'est il pas le choix de Dieu ?

Bien sûr que oui.

Mais pourquoi Dieu choisirait-il qu'il se déroule des choses qui rendraient Dieu malheureux ? La réponse, vous ne pouvez l'accepter.

Rien ne peut faire le malheur de Dieu.

Vous ne pouvez pas le croire, car cela nécessiterait de croire en un Dieu sans besoin ni jugement, et vous ne pouvez imaginer un tel Dieu, car vous ne pouvez concevoir un tel *humain.* Vous ne pouvez *vous* imaginer vivre ainsi – et *ne pouvez admettre de Dieu plus grand que vous.*

Lorsque vous comprendrez que vous *pouvez* vivre ainsi, vous saurez tout sur Dieu.

Vous constaterez la véracité de votre seconde appréciation. Dieu n'est *pas* plus grand que vous. Comment pourrait-il l'être ? Car Dieu est votre substance même, et vous êtes la substance même de Dieu. Mais *vous* êtes plus grand que vous ne le croyez.

Les maîtres savent cela. Et il y a de tels êtres actuellement sur votre planète. Ils sont issus de maintes traditions, religions et cultures, mais ils ont tous quelque chose en commun.

Rien ne peut faire le malheur des maîtres.

À l'origine de la culture primitive, la plupart des humains n'avaient pas atteint cet espace de maîtrise. Leur seul désir était d'éviter le malheur ou la douleur. Comme ils avaient une conscience trop limitée pour comprendre que la douleur n'avait pas à entraîner de malheur, leur stratégie de vie s'est élaborée autour de ce qu'on a plus tard appelé le principe du plaisir. Ils se sont dirigés vers ce qui leur procurait du plaisir et éloignés de ce qui les en privait (ou provoquait de la douleur).

Ainsi est née la Première Illusion, l'idée que le Besoin existe. Ce fut ce qu'on pourrait appeler la première erreur.

Le besoin n'existe pas. C'est une fiction. En réalité, vous n'avez besoin de rien pour être heureux. Le bonheur est un état d'esprit.

Cela, les premiers humains n'étaient pas à même de le

saisir. Et parce qu'ils avaient l'impression d'avoir besoin de certaines choses pour être heureux, ils supposaient qu'il en allait de même pour toute forme de Vie. Y compris la part de la Vie qu'ils percevaient comme une plus grande puissance : une puissance que des générations successives ont imaginée sous la forme d'un être vivant et désignée sous une grande variété de noms, tels Allah, Yahvé, Jéhovah et Dieu.

Les premiers hommes ont aisément conçu une puissance plus grande qu'eux. C'était en effet nécessaire. Il leur fallait expliquer des choses qui échappaient tout à fait à leur influence.

L'erreur n'était pas de supposer l'existence d'un Dieu (la puissance combinée et l'énergie combinée de tout ce qui est), mais de croire que cette Puissance et cette Énergie totales puissent avoir besoin de quoi que ce soit. Que Dieu dépendait, pour ainsi dire, de quelque chose ou de quelqu'un d'autre pour être heureux ou satisfait, complet ou comblé.

C'était comme dire que la Plénitude n'était pas pleine. Qu'elle avait besoin de quelque chose pour la *remplir*. C'était une contradiction dans les termes – mais ils ne pouvaient pas voir cela. Encore aujourd'hui, beaucoup ne le voient toujours pas.

À partir de cette création d'un Dieu dépendant, les gens ont composé un récit culturel dans lequel Dieu avait un *programme*. Autrement dit, pour être heureux, Dieu veut que certaines choses arrivent, et il *faut* qu'elles soient de certaines *façons*.

Les humains ont réduit ce récit culturel à un mythe qui s'est cristallisé sous cette forme : Que ta volonté soit faite.

Cette idée de volonté divine vous a ensuite obligés à tenter d'imaginer ce qu'elle pouvait *être*. Cet exercice vous a tout de suite permis de constater l'absence d'entente universelle, à cet égard, au sein de votre espèce. Et que, faute de connaissance ou d'entente universelle quant à la volonté de Dieu, il était impossible que tout le monde puisse *accomplir* celle-ci.

Les plus malins d'entre vous ont utilisé ce raisonnement pour expliquer pourquoi certaines personnes semblaient vivre mieux que d'autres. Mais vous avez alors engendré une nouvelle question : Comment serait-il possible que la volonté de Dieu ne soit pas faite, si Dieu est vraiment Dieu?

Il y avait clairement une faille dans cette Première Illusion. Elle aurait dû révéler la fausseté de l'idée de besoin. Mais les humains savaient, très profondément, qu'ils ne pouvaient *abandonner* l'illusion, sous peine de voir alors la fin de quelque chose d'essentiel.

Une fois de plus, ils avaient raison. Mais une fois encore, ils commirent une erreur. Au lieu de voir l'Illusion *en tant* qu'illusion et de l'utiliser aux fins auxquelles elle était destinée, ils crurent devoir en *corriger la faille*.

Ce fut donc pour réparer la faille de cette Première Illusion que fut créée la Deuxième Illusion.

Deux

L'Illusion de l'Échec

Voici la Deuxième Illusion :

L'ÉCHEC EXISTE.

En supposant que Dieu ait une volonté, l'idée qu'elle ne puisse *pas* s'accomplir contredit tout ce que vous croyiez savoir à propos de Dieu – c'est-à-dire que Dieu était tout-puissant, omniprésent, l'Être suprême, le Créateur – mais ne vous a pas empêchés de l'adopter avec enthousiasme.

Cela a laissé place à l'illusion hautement improbable mais très forte que *Dieu puisse échouer*. Qu'il puisse désirer quelque chose sans l'obtenir. Souhaiter quelque chose sans le recevoir. Avoir besoin de quelque chose sans l'avoir.

Bref, que la volonté de Dieu puisse être contrecarrée.

Cette illusion exigeait un grand effort d'imagination, car, même dans les limites de sa perception, l'esprit humain pouvait en déceler la contradiction. Mais votre espèce a une imagination fertile qui peut aisément abuser de la crédulité. Vous avez imaginé non seulement un Dieu ayant des besoins, mais un Dieu pouvant ne pas arriver à y pourvoir.

Comment avez-vous fait ? Une fois de plus, par la projection. Vous vous êtes projetés sur votre Dieu.

Une fois de plus, vous m'avez attribué une capacité ou une qualité d'être directement tirée de votre propre expérience. Comme vous avez remarqué que *vous* pouviez ne pas être capables d'obtenir toutes les choses dont vous croyiez avoir besoin pour être heureux, vous avez déclaré qu'il en allait de même pour Dieu.

À partir de cette illusion, vous avez créé un récit culturel enseignant que l'issue de la vie est incertaine.

Qu'elle pouvait réussir ou non. Qu'elle pouvait aller bien ou non. Qu'en fin de compte, tout se déroulerait à merveille – ou peut-être pas.

En ajoutant le doute à cette mixture – le doute que Dieu pût satisfaire ses besoins (en supposant que j'en eusse) – vous avez découvert la peur.

Avant l'invention de ce récit d'un Dieu qui ne pouvait pas toujours arriver à ses fins, la peur vous était inconnue. Il n'y avait rien à *craindre*. Dieu était en charge, Dieu était Toute Puissance, Toute Merveille et Toute Gloire, et tout allait pour le mieux dans le meilleur des mondes. Qu'est-ce qui pouvait mal tourner ?

Alors est venue l'idée que Dieu puisse vouloir quelque chose et ne pas du tout l'obtenir. Dieu pouvait vouloir que tous ses enfants lui reviennent au paradis, mais ceux-ci, par leurs propres actions, pouvaient empêcher cela.

Mais cette idée aussi représentait un abus de crédulité, et une fois de plus l'esprit humain vit la contradiction. Comment les créatures de Dieu pouvaient-elles contrecarrer le Créateur si celui-ci ne faisait qu'un avec ses créatures ? Comment l'issue de la vie pouvait-elle être incertaine si celui qui produisait l'issue et en faisait l'expérience était le même ?

Il y avait clairement une faille dans la Deuxième Illusion. Elle aurait dû révéler la fausseté de l'idée d'échec, mais les humains savaient, très profondément, qu'ils ne pouvaient *abandonner* l'illusion, sous peine de voir alors la fin de quelque chose d'essentiel.

Une fois de plus, ils avaient raison. Mais une fois encore, ils commirent une erreur. Au lieu de voir l'Illusion *en tant* qu'illusion et de l'utiliser aux fins auxquelles elle était destinée, ils crurent devoir en *corriger la faille.*

Ce fut donc pour réparer la faille de cette Deuxième Illusion que fut créée la Troisième Illusion.

Trois

L'Illusion de la Désunion

Voici la Troisième Illusion :

LA DÉSUNION EXISTE.

La seule manière d'échapper à l'énigme de la Deuxième Illusion consistait à en créer une troisième : le Créateur ne faisait pas qu'un avec *toutes* ses créatures.

Cela exigeait de l'esprit humain qu'il trouve possible l'impossible – que ce qui est Un ne soit pas Un ; que ce qui est unifié soit en fait séparé.

Voilà l'Illusion de la Désunion – l'idée que la séparation existe.

Votre espèce a soutenu que si les créatures étaient séparées du Créateur et que si le Créateur les laissait faire tout ce qui leur plaisait, il leur serait alors possible de faire quelque chose *que le Créateur ne voulait pas qu'elles fassent*. Dans ces circonstances, la volonté du créateur pouvait être contrecarrée. Dieu pouvait vouloir quelque chose et ne pas l'obtenir.

La désunion engendre la possibilité de l'échec, et celui-ci n'est possible que si le besoin existe. Ces illusions sont interdépendantes.

Les trois premières illusions sont les plus importantes. Si importantes et si essentielles au soutien, du reste, qu'on leur a attribué des récits culturels distincts afin de les expliquer et de s'assurer qu'elles le seraient *vraiment*, souvent et avec clarté.

Chacune de vos cultures a créé son propre récit particulier, mais toutes ont soutenu les mêmes points fondamentaux, chacune à sa façon. L'un des plus célèbres est l'histoire d'Adam et Ève.

Il y est dit que le premier homme et la première femme avaient été créés par Dieu et vivaient heureux au jardin d'Éden, ou au Paradis. Ils jouissaient de la vie éternelle et de la communion avec le Divin.

En échange de cette vie idyllique offerte en cadeau, Dieu n'aurait ordonné qu'une chose : ne pas manger du fruit de l'arbre de la connaissance du bien et du mal.

D'après cette légende, Ève goûta tout de même à ce fruit et désobéit ainsi aux ordres. Mais ce n'était pas entièrement sa faute. Elle fut tentée par un serpent, qui était en réalité un être que vous avez appelé Satan, ou le diable.

Qui est donc ce diable ? Selon un récit, c'est un ange qui a mal tourné. Une créature de Dieu qui a osé vouloir être aussi grande que son créateur. C'est l'ultime offense, le suprême blasphème. Toutes les créatures doivent honorer le Créateur et ne jamais chercher à être aussi grandes ni plus grandes.

Dans cette version précise du récit culturel principal, vous avez dévié de votre tendance normale en m'attribuant certaines qualités qui ne se reflètent *pas* dans l'expérience humaine.

En réalité, les humains *veulent* que leur progéniture s'efforce de les rattraper, sinon de les dépasser. C'est le plus grand plaisir des parents que de voir leurs enfants atteindre et dépasser leur propre situation et surpasser leurs propres accomplissements.

Dieu, par contre, s'en serait trouvé déshonoré et profondément offensé. Satan, l'ange déchu, fut banni, séparé du troupeau, rejeté, damné. Soudain il y eut deux puissances dans l'ultime réalité, Dieu et Satan, et deux lieux d'opération, le ciel et l'enfer.

Selon ce récit, Satan voulut amener les humains à désobéir à la volonté divine. Dès lors, Dieu et Satan rivalisèrent pour l'âme de l'homme. C'était d'autant plus fascinant que cette lutte, *Dieu pouvait la perdre.*

Tout cela démontra qu'après tout, je n'étais pas un Dieu tout-puissant... ou que je l'étais vraiment, mais que je ne voulais pas recourir à ma puissance, afin de donner à Satan une chance raisonnable. *Ou bien* il ne s'agissait pas de lui offrir une chance raisonnable, mais d'accorder le libre arbitre aux humains. *Sauf* que si vous exerciez votre libre arbitre d'une façon que je n'approuvais pas, je vous livrerais à Satan, qui vous torturerait pour l'éternité.

Tels sont les récits alambiqués qui ont permis de développer une doctrine religieuse sur votre planète.

Dans l'histoire d'Adam et Ève, j'ai puni le premier homme et la première femme parce que celle-ci avait mangé du fruit défendu, en les bannissant du jardin d'Éden. Et (croyez-le ou non) *j'ai puni tout homme et toute femme ayant vécu depuis*, leur infligeant la culpabilité des premiers humains et les condamnant également à être séparés de moi pendant toute leur vie sur terre.

Au moyen de ce récit et d'autres histoires tout aussi pittoresques, les trois premières illusions furent communiquées d'une façon dramatique que les enfants, en particulier, ne furent pas sur le point d'oublier. Ces contes insufflèrent tant de peur au cœur des enfants qu'ils furent retransmis à chaque génération. Ainsi, les trois premières illusions furent profondément ancrées dans la psyché humaine :

1. Dieu a un programme. (Le besoin existe.)
2. L'issue de la vie reste incertaine. (L'échec existe.)
3. Vous êtes séparés de Dieu. (La désunion existe.)

Tandis que l'idée du besoin et de l'échec est cruciale pour les autres illusions, l'idée de l'existence de la désunion est celle qui a le plus de répercussions sur les affaires humaines. L'impact de la Troisième Illusion est encore ressenti par la race humaine. Si vous accordez foi à la Troisième Illusion, vous aurez une certaine expérience de la vie. Si, au contraire, vous la considérez uniquement comme une illusion, votre expérience sera tout autre. Ces deux expériences seront radicalement différentes.

Actuellement, presque tout le monde, sur votre planète, croit en l'illusion de la séparation. Par conséquent, les gens se sentent séparés de Dieu et les uns des autres.

Étant donné ce sentiment de séparation, bien des gens ont une extrême difficulté à se lier à moi d'une manière significative. Ou bien ils se méprennent sur mon compte, me craignent ou me supplient de les aider – ou bien ils me nient tout à fait.

Ce faisant, les humains ont raté une glorieuse occasion d'employer la force la plus puissante de l'univers. Ils se sont exposés à mener une vie sur laquelle ils s'imaginent n'avoir aucun contrôle, dans des conditions qu'ils croient ne pas pouvoir changer, laissant place ainsi à des expériences et à des résultats auxquels ils ne croient pas pouvoir échapper.

Ils mènent une vie de désespoir tranquille, offrant leur douleur, la subissant volontiers, croyant que leur silencieuse bravoure leur vaudra suffisamment de faveurs pour entrer au ciel, où ils recevront leur récompense.

Souffrir sans se plaindre peut être bon pour l'âme, et pour plusieurs raisons, mais l'assurance d'une récompense céleste n'en est pas une. Le courage est une récompense en soi, et il ne peut y avoir de bonne raison de faire souffrir les autres – en se plaignant, par exemple.

Par conséquent, le maître ne se plaint jamais. De la sorte, il réduit la souffrance, tant dans son entourage qu'en lui-même. Mais si le maître évite de se plaindre, ce n'est pas *afin* de limiter la souffrance, mais parce qu'il interprète l'expérience de la douleur non pas en tant que souffrance, mais tout simplement en tant que douleur.

La douleur constitue une expérience. La souffrance est un jugement porté sur celle-ci. Pour bien des gens, la douleur est injuste et ne devrait pas survenir. Mais c'est précisément dans la mesure où la douleur est acceptée comme une chose parfaite, que la souffrance peut être éliminée de la vie. C'est grâce à cette interprétation que les maîtres surmontent toute souffrance, même s'ils ne peuvent échapper à toute douleur.

Même les gens qui n'ont pas atteint la maîtrise ont vécu la différence entre douleur et souffrance. Se faire arracher une dent qui fait mal, c'est par exemple une douleur bienvenue.

Leur sentiment de séparation par rapport à moi empêche les humains de recourir à moi, de m'invoquer, de vivre en amitié avec moi, d'exploiter tout le potentiel de mon pouvoir de création et de guérison pour mettre fin à la souffrance ou pour toute autre fin.

Leur sentiment de séparation les uns par rapport aux autres les amène à se faire mutuellement toutes sortes de choses qu'ils ne se feraient jamais à eux-mêmes. En ne voyant pas que c'est à eux qu'ils les *font*, ils produisent et reproduisent des résultats indésirables dans leur vie quotidienne et celle de la planète.

On a dit que la race humaine affrontait les mêmes problèmes que depuis l'aube de l'histoire : c'est vrai, mais peut-être à un degré moindre. L'avidité, la violence, la jalousie et d'autres comportements qui, vous le savez, ne font de bien à personne, sont encore adoptés par des membres de votre espèce, bien qu'ils le soient à présent par une minorité.

C'est là un signe d'évolution de votre part. Mais les efforts de votre société ne visent pas tant à changer ces comportements qu'à les réprimer. On croit que la punition les corrigera. Certaines gens ne comprennent pas encore qu'à moins de rectifier les conditions sociales qui *créent* et *attirent* les comportements indésirables, on n'améliorera rien.

Une analyse véritablement objective le prouve, mais bien des gens l'ignorent et continuent de tenter de résoudre les problèmes sociaux avec l'énergie même qui les crée. Ils essaient de mettre fin au meurtre par le meurtre, à la violence par la violence, à la colère par la colère. Ce faisant, ils évitent de voir leur hypocrisie et, par conséquent, lui donnent corps.

Le fait de reconnaître les trois premières Illusions *en tant que telles* empêcherait tout le monde de nier l'Unité de toute Vie et de menacer de détruire toute vie sur votre planète.

Bien des humains continuent de se considérer comme séparés les uns des autres, de toutes les choses vivantes et de Dieu. Ils voient qu'ils se détruisent, mais font semblant de ne pas comprendre comment. Ce n'est sûrement pas, disent-ils, à cause de leurs gestes individuels. Ils ne voient pas de lien entre leurs choix et leurs décisions, et le monde dans son ensemble.

C'est ce que croient nombre de gens et, si vous voulez qu'ils changent, il vous appartient, à vous qui comprenez véritablement la cause et l'effet, de les changer. Car vos semblables humains ne voient aucun effet négatif, sur l'ensemble, dans le fait d'abattre des milliers d'arbres chaque semaine pour recevoir leur journal du dimanche.

Ils ne voient aucun effet négatif, sur la collectivité, dans le fait de libérer des impuretés de toutes sortes dans l'atmosphère afin de garder leur mode de vie intact.

Ils ne voient aucun effet négatif, sur la société, dans le

fait d'utiliser des combustibles fossiles plutôt que l'énergie solaire.

Ils ne voient aucun effet négatif à tout cela, affirment-ils, et ajoutent même en avoir assez d'entendre dire le contraire.

Ils ne voient aucun effet négatif, dans le fait de fumer, de manger de la viande rouge à chaque repas ou de consommer de grandes quantités d'alcool, et ils en ont assez d'entendre le contraire.

Ils n'y voient *aucun effet négatif* et en ont assez d'entendre dire le contraire.

Ils se convainquent que les comportements individuels n'ont pas, sur l'ensemble, d'effet négatif au point de le faire *s'effondrer*. Que ce ne serait possible que si rien n'était séparé – si, en effet, l'ensemble se faisait tout cela à lui-même. Et que c'est stupide. Que la Troisième Illusion est vraie. Que *nous sommes séparés*.

Pourtant, les gestes séparés de tous les êtres séparés qui ne sont pas en union les uns avec les autres et avec toute la vie semblent avoir un effet très réel sur la Vie même. Maintenant, du moins, de plus en plus d'humains le reconnaissent petit à petit, à mesure qu'ils se détachent de la pensée culturelle primitive pour développer une société plus évoluée.

Et ce, grâce à votre travail et à celui de vos semblables. Car vous avez élevé votre voix. Vous avez sonné l'alerte. Vous vous êtes mutuellement réveillés, chacun à votre façon, certains avec calme et dans le cadre d'une démarche individuelle, d'autres en groupe.

Jadis, vous n'étiez pas si nombreux à vouloir et à pouvoir réveiller les autres. Ainsi, la masse vivait profondément enfoncée dans les illusions, perplexe. Pourquoi le fait d'être séparés les uns des autres devrait-il poser un problème ? Comment se fait-il que tout ce qui n'est pas la vie communautaire – un pour tous, tous pour un – ne peut fonctionner sans que l'on se batte ?

Voilà les questions que les humains ont commencé à se poser.

Il y avait clairement une faille dans la Troisième Illusion. Elle aurait dû révéler la fausseté de l'idée de désunion, mais les humains savaient, très profondément, qu'ils ne pouvaient *abandonner* l'illusion, sous peine de voir alors la fin de quelque chose d'essentiel.

Une fois de plus, ils avaient raison. Mais une fois encore, ils commirent une erreur. Au lieu de voir l'Illusion *en tant* qu'illusion et de l'utiliser aux fins auxquelles elle était destinée, ils crurent devoir en *corriger la faille*.

Ce fut donc pour réparer la faille de cette Troisième Illusion que fut créée la Quatrième Illusion.

Quatre

L'Illusion du Manque

Voici la Quatrième Illusion :

LE MANQUE EXISTE.

Elle découle de la Troisième Illusion, car sans l'idée de séparation, celle du manque est sans fondement. S'il n'existe qu'une chose, et que cette unique chose est Tout ce qui est, cela écarte toute espèce de manque, car cette unique chose est tout et, par conséquent...

elle se suffit à elle-même.

Voilà un énoncé de la nature de Dieu.

Toutefois, ce n'est pas l'expérience que font les humains, *car ils s'imaginent séparés de Dieu* et les uns des autres. Mais aucun d'entre eux n'est éloigné de Dieu, puisque Dieu est tout ce qui est. Par conséquent, ils ne sont pas, et *ne peuvent pas* être, séparés les uns des autres.

Ce n'est pas dans leur nature.

Il serait inexact de conclure que l'idée de séparation était mauvaise, qu'elle ne servait pas vos objectifs. En effet, elle était *bénie* et permettait à l'Ensemble de comprendre qu'il était la somme de ses parties, et même davantage. L'illusion sert magnifiquement vos objectifs *lorsque vous l'utilisez en tant qu'outil pour créer l'expérience.*

Lorsque vous oubliez que la séparation est une illusion, vous imaginez que c'est là l'état véritable des choses. L'illusion ne crée plus l'expérience, elle *devient* celle-ci.

C'est comme faire semblant d'être en colère pour attirer l'attention de quelqu'un, puis se mettre vraiment en colère.

Ou feindre un intérêt envers quelqu'un afin de rendre un autre jaloux, pour découvrir que cet intérêt illusoire est devenu, en fait, très réel...
Le stratagème devient expérience.
Par ce processus, vous en êtes venus à vous croire vraiment séparés ; à concevoir que la désunion est possible dans le champ unifié que vous appelez l'univers.
J'ai dit de la Troisième Illusion qu'elle était la plus puissante, et c'est vrai. Elle a eu un impact énorme sur votre expérience quotidienne. En particulier, le fait de croire à la séparation vous a amenés à concevoir le « manque ».

Lorsqu'il n'y avait qu'une seule chose, et que vous saviez *être* cette unique chose, il n'était jamais question de manque. Vous étiez toujours suffisant. Mais lorsque vous avez décidé qu'il y avait *autre* chose, c'est alors (et alors seulement) qu'il sembla en manquer.

Cette « autre chose » en laquelle vous croyez, c'est la substance de la Vie. Mais vous *êtes* la Vie et ce qu'*est* la Vie – c'est-à-dire Dieu lui-même.

Cependant, tant que vous vous imaginerez séparés de Dieu, vous penserez être autre chose que Dieu – c'est-à-dire la Vie en Soi. Vous croirez être ce qui *vit,* mais pas la Vie en Soi.

Ce Soi séparé de Soi, voilà ce que vous avez appelé l'exclusion du jardin d'Éden. Soudainement, à la place de la vie éternelle, il y avait la mort. À la place de l'abondance, il y avait la pénurie.

Soudainement, plusieurs aspects de la vie semblaient rivaliser pour la vie même. C'est impossible dans l'ultime réalité, mais pas dans votre imagination. Car vous pouvez même vous voir en compétition avec les oiseaux, les abeilles, tout ce qui vit et tous les autres humains.

Vous pouvez créer un cauchemar dans lequel tout ce qui

soutient votre Vie semble, en fait, la limiter. Vous tenterez ainsi de conquérir ce qui vous soutient.

On vous a donné une *prédominance*, mais vous en avez fait une *domination*. Ainsi, vous avez vraiment entrepris une guerre contre la nature, et contre l'ordre naturel.

Vous avez utilisé la science et la technologie pour déformer, détourner et manipuler la nature afin qu'elle se plie à votre volonté. Vous détruisez lentement la nature à son état naturel, afin de vous connaître tels que vous êtes naturellement.

Vous êtes déjà ce que vous cherchez à être – éternels, illimités, et en union avec tout –, mais vous ne vous en souvenez pas. Ainsi, vous cherchez à dominer la Vie afin d'avoir une Vie plus abondante, sans même voir ce que vous faites.

La Vie devient le seul dénominateur commun. Tout le monde la désire ainsi que les choses qui la soutiennent. Et parce que vous croyez être plus qu'un, vous craignez qu'il n'y ait pas suffisamment de Vie pour tout le monde.

À partir de cette peur, vous avez produit une nouvelle réalité imaginaire : la mort.

Une vie que vous croyiez éternelle (jusqu'à ce que vous vous imaginiez séparés, il ne vous était jamais venu à l'idée de ne pas « être » à jamais) semble maintenant avoir un commencement et une fin.

C'est l'illusion du manque qui se joue sur le plan le plus élevé.

Faire l'expérience du début et de la fin de votre vie n'est en réalité que le commencement et la dissolution de l'idée que vous vous faites de vous-même en tant qu'être « séparé ». Sur un plan conscient, vous ne le savez peut-être pas. Sur un plan plus élevé, c'est toujours clair.

C'est d'ailleurs sur ce plan que vous cherchez à mettre fin à l'expérience de la séparation, à vous rappeler que c'est là une illusion *que vous avez créée.*

Bien que je vous l'aie dit à maintes reprises, le moment est venu d'expliquer, une fois de plus, *pourquoi* vous l'avez créée.

Vous avez créé l'illusion de la séparation afin de faire l'expérience de la réalité de l'unité. Ce n'est qu'à l'extérieur de la réalité que vous pouvez en faire l'expérience. Intégré au Tout, vous ne pouvez vous connaître *en tant que* Tout, car il n'y a rien d'autre. Et faute de ce que vous n'êtes pas, ce que vous êtes n'est pas.

Sans le froid, le chaud n'existe pas. Sans le long, rien n'est court. Si tout est court, *rien n'est court*, car le « court » n'existe pas en tant que chose connaissable. Il peut être en tant que concept, mais ce n'en est pas un dont on puisse faire l'expérience directe. Ce ne peut être qu'une idée, jamais la réalité vécue.

De même, faute de désunion, l'unité n'existe pas.

Si tout est vécu en tant qu'unité, *rien ne peut être vécu en tant que tel*, car l'« unité » n'existe pas en tant qu'expérience distincte. Elle n'est pas connaissable. Elle peut être en tant que concept, mais ce n'en est pas un dont on puisse faire l'expérience directe. Ce ne peut être qu'une idée, jamais la réalité vécue.

Dans ce contexte, vous ne pouvez vous connaître comme Qui Vous Êtes Vraiment.

Mais nous souhaitons savoir Qui Nous Sommes Vraiment. Ainsi, nous devons d'abord créer l'expérience de Qui Nous Ne Sommes Pas. Puisque nous ne pouvons créer cette expérience dans l'Ultime Réalité, nous devons y arriver par l'illusion.

Ainsi, nous pouvons profiter du réel et le connaître. Nous

pouvons prendre connaissance de Qui Nous Sommes Vraiment.

Le Tout.

Le Seul et Unique.

Nous sommes le Collectif, l'Unique Réalité Aux Formes Multiples – ayant *pris* des formes multiples afin de remarquer et de connaître la gloire de notre Unique Réalité.

Cette explication simple du but de la relativité, je vous l'ai donnée à maintes reprises au cours de notre dialogue. Je la répète ici pour que vous puissiez la comprendre à fond et vous éveiller enfin de votre rêve.

*   *   *

Autrement, l'Illusion de la Désunion par rapport à la Vie créera un besoin apparent de survie. Avant la séparation, vous ne mettiez jamais votre survie en question. Ce n'est que lorsque vous vous êtes éloignés de la Vie (Moi) et que vous vous êtes crus séparés, que la Vie même est devenue ce dont il n'y avait « pas assez ». Vous avez commencé à décider ce que vous croyiez devoir faire pour survivre – pour avoir plus de vie.

C'est devenu votre but premier, votre nouvel instinct fondamental. Vous avez même pensé que vous vous étiez accouplés à d'autres afin de garantir votre survie en tant qu'espèce. Vous avez oublié que vous vous étiez mis ensemble en réponse au seul instinct véritable, celui de l'amour.

Cet instinct, vous l'avez appelé aussi l'instinct de survie, en vous fondant sur l'idée que vous ne survivriez peut-être *pas*. Cette idée est fausse, car votre survie est garantie, à jamais, et même davantage. Mais vous ne vous en souvenez pas et ne croyez pas qu'il y ait suffisamment de vie, puisque tant d'aspects de la vie rivalisent pour elle.

En effet, c'est ainsi que vous voyez les choses. Vous vous imaginez *en concurrence* avec tout le reste de la « substance de la vie » pour la Vie même. Vous faites compétition à votre être même pour avoir davantage de celui-ci. Votre croyance au manque vous a même amenés à conclure que *Dieu n'est pas suffisant.*

Non seulement n'y a-t-il pas assez de vie (vous traduisez cela en une croyance en la mort) ni de la substance de la vie (une croyance en la pénurie), mais il n'y a même pas assez de Ce qui a créé la Vie (une croyance en un Dieu limité). Parce que *toutes ces choses sont limitées,* vous devez lutter pour elles. Et pour cette raison, vous êtes en train de détruire votre planète et vous-mêmes.

Vous le faites par vos façons malsaines de rivaliser pour Dieu, que vous appelez religions. Vous vous êtes entretués, cherchant à anéantir des civilisations entières.

Vous ne l'admettez pas, car ce serait reconnaître une erreur dans votre manière de voir la vie et le monde – spécifiquement dans votre vision de Dieu –, ce que vous n'avez pas été capables de faire.

Un tel aveu exigerait une humilité énorme, et cette qualité n'est pas, actuellement, une part prépondérante de la philosophie ou de la théologie de votre planète.

Vos théologiens, en particulier, ont eu la grande arrogance de supposer et de proclamer qu'ils détenaient toutes les réponses – qu'aucune question ni aucun doute ne subsistait.

Mais quelque chose ne va pas à propos de ces croyances. L'idée de pénurie – de manque de Dieu, de l'étoffe de la vie, de la Vie même – a engendré davantage qu'une simple rivalité. Elle a mené à une brutale *ré*pression, à une *sup*pression et à une *dé*pression massive. Les religions ont réprimé l'examen franc et honnête, les gouvernements ont éliminé la dissension. Par conséquent, des millions de gens vivent dans la dépression économique et psychologique. Tout cela provient de l'idée qu'il n'y en a pas assez – car l'abondance résoudrait tout cela.

Si vous croyiez qu'il y en a suffisamment pour tout le monde, il n'y aurait plus de comportements autodestructeurs, de conflits à propos des ressources, de querelles au sujet de Dieu.

Mais il n'y en a *pas* assez. Vous en êtes sûrs.

Alors, comment faire pour remédier à cette situation ?

Comment assurer la survie *sans* meurtres ni querelles ?

Il y avait clairement une faille dans la Quatrième Illusion. Elle aurait dû révéler la fausseté de l'idée de manque, mais les humains savaient, très profondément, qu'ils ne pouvaient *abandonner* l'illusion, sous peine de voir alors la fin de quelque chose d'essentiel.

Une fois de plus, ils avaient raison. Mais une fois encore, ils commirent une erreur. Au lieu de voir l'Illusion *en tant* qu'illusion et de l'utiliser aux fins auxquelles elle était destinée, ils crurent devoir en *corriger la faille.*

Ce fut donc pour réparer la faille de cette Quatrième Illusion que fut créée la Cinquième Illusion.

Cinq

L'Illusion de l'Obligation

Voici la Cinquième Illusion :

L'OBLIGATION EXISTE.

L'existence du manque mena rapidement et inévitablement à l'illusion suivante.

S'il y avait suffisamment de tout, vous n'auriez rien à faire pour en obtenir – peu importent vos désirs ou vos besoins. Vous n'auriez qu'à tendre le bras pour trouver. Mais les humains en décidèrent autrement et affirmèrent qu'*il y avait un manque*. Ils furent dès lors confrontés à la question suivante : comment *trouver* de tout cela en quantité suffisante ? Comment se *qualifier* ?

Tous, vous avez donc pensé qu'il fallait *faire* quelque chose pour obtenir ce dont il n'y avait pas suffisamment – quelque chose qui vous permettrait de le revendiquer sans conteste. C'est la seule façon dont vous pouviez imaginer tout vous diviser – y compris Dieu – sans meurtres ni querelles.

Vous avez conçu l'Obligation.

Vous vous êtes dit qu'il « valait mieux » vous y soumettre – peu importe ce que c'était. Cette idée tient encore. Elle est même encore plus forte dans l'esprit de chacun. Vous croyez qu'on peut être ce qu'on veut à condition de faire ce qu'il faut.

Si vous voulez être heureux, en sécurité, ou aimés, vous avez des choses à faire. Tout cela est impossible à moins d'avoir tout ce qu'il faut. Vous devez donc faire ce qu'il faut pour en *obtenir* assez – pour vous *qualifier*.

Voilà ce que vous croyez, et pour cette raison, vous avez élevé le « faire » à la position la plus élevée de votre cosmologie.

Même Dieu vous ordonne de faire quelque chose pour aller au ciel.

Voilà de quelle manière vous établissez des liens.

Voilà l'Obligation.

En fait, tout cela provient de la Troisième Illusion – selon laquelle vous êtes séparés. Lorsque vous n'étiez qu'Un, il y avait toujours suffisamment de choses, et ainsi, vous n'aviez rien à faire pour être quoi que ce soit.

Et cette idée de séparation était fondée sur la Deuxième Illusion – que l'Échec existe. Parce que Dieu n'a pas obtenu ce qu'il voulait, il a séparé de lui tous les humains.

Et l'Échec était fondé sur la Première Illusion – que le Besoin existe. Dieu ne pourrait pas ne pas obtenir ce qu'il voulait s'il ne voulait rien, et Dieu ne voudrait rien s'il n'avait besoin de rien.

En vérité, il n'y a qu'une Illusion, et toutes les autres en sont des variantes. Tout le reste n'est qu'un développement de la seule illusion, à une nuance près.

Ainsi, l'Illusion de l'Obligation n'est rien d'autre qu'une version différente de l'Illusion du Besoin. De même, l'Illusion du Manque est une version autre de l'Illusion du Besoin, tout comme l'Illusion de l'Échec, et ainsi de suite, pour toutes les illusions des humains.

Vous le verrez très clairement en explorant chaque illusion : chacune est une excroissance des illusions qui l'ont précédée. C'est comme regarder un ballon se gonfler.

Lorsque votre espèce a annoncé qu'il y avait des obligations à remplir afin d'acquérir tout ce qui est en quantité insuffisante – y compris l'amour de Dieu –, cela s'est avéré l'une des décisions les plus importantes de la race humaine.

Elle a engendré quantité de lois et de règlements, de lignes directrices et de procédures, de lois divines et humaines selon lesquels vous devez vivre.

Voici quelques-unes des choses que vous avez déclarées obligatoires afin de bien vivre sur terre :

Sois un bon garçon ou une bonne fille.
Ne réplique pas.
Si tu obtiens de bonnes notes, tu iras à l'université.
Si tu détiens un diplôme, tu trouveras un bon emploi.
Marie-toi et fais des enfants.
Sois un bon parent et donne à tes enfants plus que ce qu'ils t'ont donné.
Sois cool.
Fais ce qu'on te dit.
Ne fais rien de mal – ou du moins évite de te faire prendre.
Suis le chef.
Ne pose pas trop de questions, et encore moins les mauvaises.
Fais le bonheur de tout le monde.
Ne t'inclus pas dans le groupe de gens dont tu essaies de faire le bonheur, si cela veut dire exclure quelqu'un d'autre du groupe.
Ne dérange personne, surtout en vieillissant.

En voilà d'autres que vous avez déclarées obligatoires afin de plaire à Dieu et d'aller au ciel :

N'agis pas mal – et dans le cas contraire, ne pense pas ne pas te faire prendre, car on t'aura.
Si tu fais vraiment quelque chose de mal, pour l'amour du ciel, demande pardon et promets de ne jamais recommencer.

Sois un bon garçon ou une bonne fille.

Ne joue pas avec ton corps.

Ne joue pas avec celui d'un d'autre, non plus. Pas comme ça...

En fait, ne joue pas. Essaie de comprendre que tous les plaisirs corporels sont, au mieux, des distractions par rapport à ce que tu es venu faire sur terre et, au pire, des péchés absolus allant à l'encontre de Dieu.

Si tu dois avoir des plaisirs, n'en jouis pas.

Ne tire aucun plaisir de l'argent.

Ne tire aucun plaisir de l'attention.

Ne tire aucun plaisir du sexe. Surtout pas.

N'aie jamais, au grand jamais de relations sexuelles hors du mariage, et n'aime jamais plus d'une personne « comme ça ».

Si tu dois avoir des rapports sexuels pour une autre raison que la procréation, exécute-toi dans la gêne, n'en jouis pas librement ou sans inhibition.

Ne considère pas l'argent comme quelque chose d'appréciable, et si tu en gagnes beaucoup, assure-toi d'en donner la plus grande partie.

Crois au Bon Dieu.

Mais pour l'amour du ciel, crois au bon Dieu.

Demande pardon et miséricorde à Dieu pour être né imparfait et demande-lui aussi de t'aider à remplir tes obligations afin d'être à nouveau aimé.

Les humains ont bien d'autres croyances. Cette énumération n'en contient que des exemples. Voilà vos obligations, et vous avez intérêt à les comprendre.

Qui les a établies ? Qui les a mises en place ?

Vous dites que c'est moi.

C'est ce que vous prétendez. Et puisque Dieu ne se trouve pas en quantité suffisante, vous devez me revendiquer avant de vous proclamer vainqueurs de vos rivalités.

Vous alléguez ensuite être la seule nation de Dieu, le peuple élu, l'unique religion véritable.

Vous me revendiquez avec tant de malveillance et de férocité : vous avez l'impression qu'en vous emparant de moi, vous pourrez ensuite vous arroger tout ce que vous voulez en mon nom.

C'est ce que vous faites depuis des siècles, en brandissant vos livres sacrés, vos croix et vos drapeaux pour justifier le fait de prendre ce qui n'existe pas en quantité suffisante, par tous les moyens nécessaires – y compris le meurtre. Vous êtes allés jusqu'à appeler un tel événement une *guerre sainte* et avez cherché à fermer des blessures de votre âme en ouvrant des blessures dans le corps des autres.

Vous avez accompli les actes les plus impies au nom de Dieu, parce que vous pensiez devoir remplir des obligations pour me recevoir, ainsi que mon amour et toute la substance de la Vie.

Tant que vous croirez devoir faire quelque chose, vous lutterez pour trouver ce que c'est et combattrez encore davantage pour l'accomplir.

L'accomplissement deviendra votre dieu. En fait, c'est déjà le cas. Mais si cela vous procure le bonheur et vous permet de retourner à Dieu, pourquoi toute cette lutte vous paraît-elle si *mal*heureuse et semble-t-elle si sûrement vous *écarter* de Dieu ?

Qui plus est, comment déterminer si tout cela en valait la peine ? Selon quel critère ou quel système décidera-t-on si les obligations ont été remplies ?

Voilà quelque chose que vous ne saviez pas. C'est la question que les humains ont commencé à se poser.

Il y avait clairement une faille dans la Cinquième Illusion. Elle aurait dû révéler la fausseté de l'idée d'obligation, mais les humains savaient, très profondément, qu'ils ne pouvaient *abandonner* l'illusion, sous peine de voir alors la fin de quelque chose d'essentiel.

Une fois de plus, ils avaient raison. Mais une fois encore, ils commirent une erreur. Au lieu de voir l'Illusion *en tant* qu'illusion et de l'utiliser aux fins auxquelles elle était destinée, ils crurent devoir en *corriger la faille*.

Ce fut donc pour réparer la faille de cette Cinquième Illusion que fut créée la Sixième Illusion.

Six

L'Illusion du Jugement

Voici la Sixième Illusion :

LE JUGEMENT EXISTE.

Comme vous aviez décidé qu'il fallait faire quelque chose pour obtenir ce qui n'était pas disponible en quantité suffisante – y compris Dieu –, il vous fallait résoudre des questions difficiles : *Comment savoir si quelqu'un répond ou non aux Obligations ? Et que feront ceux qui n'y arriveront pas ?* L'invention du Jugement découle de votre réponse à ces questions.

Vous vous êtes dit : il faut un arbitre final. Puisque le Créateur avait établi les Obligations, il semblait tout à fait logique qu'il décide également qui se qualifierait ou non.

Depuis fort longtemps, votre espèce entretenait la pensée qu'il fallait faire quelque chose pour plaire à Dieu – sous peine de s'exposer à des conséquences terribles. Il était compréhensible que vous arriviez à une telle conclusion. En regardant autour de vous, vous avez vu que certaines personnes vivaient bien et d'autres pas. L'esprit primitif se demanda pourquoi. Et formula une réponse primitive :

La fortune a souri à ceux qui avaient la faveur des dieux. C'étaient les dieux qu'il fallait satisfaire et qui allaient juger.

Des sacrifices et des rituels de toutes sortes se développèrent autour de cette croyance, tous destinés à apaiser des déités difficiles.

À cette époque lointaine, votre sentiment d'insuffisance était si fort que vous avez *même* imaginé que les dieux se faisaient concurrence. Il fallait plaire à beaucoup de dieux, et il n'était pas toujours facile d'agréer à tout le monde.

Chaque nouveau désastre terrestre, chaque tempête de grêle, chaque ouragan, sécheresse, famine ou infortune personnelle était vu comme une démonstration de l'insatisfaction des dieux – ou parfois comme la preuve qu'ils se battaient entre eux.

Comment expliquer autrement ce qui se passait ?

Ces croyances, apparues en des temps anciens, se sont raffinées et clarifiées au fil des millénaires. La plupart des humains actuels n'imaginent pas une longue liste de dieux courroucés à apaiser. Aujourd'hui, ils croient qu'il n'y a qu'un Dieu à calmer.

Et bien que votre espèce semble sortie depuis longtemps des idées primitives qui ont engendré une sorte de Dieu vengeur, ces idées continuent de dominer les théologies de votre planète.

Ce modèle de déité fondé sur un Dieu vengeur n'a jamais perdu la faveur de vos sociétés. Vous avez utilisé les désastres personnels et planétaires comme preuves de sa validité. Même à des époques très récentes, comme lors de votre épidémie de sida, il s'est trouvé bien des gens – entre autres des chefs religieux – pour proclamer que les infortunes de la vie étaient la punition que Dieu infligeait à la race humaine pour ses comportements individuels ou collectifs mauvais.

Les humains continuent d'accepter en grand nombre qu'il y *ait* des exigences établies par moi, auxquelles ils doivent se soumettre afin de devenir éligibles à des récompenses ici-bas et au ciel. Ils croient toujours à un système de Jugement par lequel est déterminé qui répond ou non aux exigences.

Toutefois, certaines théologies sont catégoriques : *personne* ne peut remplir les exigences, peu importent ses gestes. Pas même en menant une vie parfaite dépourvue d'erreurs, de gaffes ou de fautes. Car, selon ces enseignements, chacun *naît* imparfait (certaines religions parlent de péché originel), avec une tache sur l'âme avant même de naître.

Cette tache, aucun acte ne peut l'effacer, pas même un repentir sincère. Seule la grâce de Dieu peut y arriver. Et Dieu, enseigne-t-on, n'accordera cette grâce que si la personne vient vers lui d'une manière très précise.

Selon cet enseignement, je suis un Dieu très particulier, car je refuse les joies du paradis à ceux qui n'acquiescent pas à mes exigences.

Il est dit que je suis très entêté à ce propos ; que je ne prends jamais en considération la bonté, la compassion, la générosité ou la gentillesse. Ni le fait que l'on regrette ses offenses, ni ce qu'on a fait pour les réparer. Et même si on offre la plus grande contribution du monde à l'amélioration de la vie sur la planète, si on n'est pas venu vers moi par le bon chemin, en prononçant les paroles nécessaires, en professant la bonne religion, on ne peut s'asseoir à la droite de Dieu le Père le Tout-Puissant.

Comme il faut tellement s'évertuer, cette idée pourrait s'appeler la vertu...

Comme ils croient que Dieu l'a voulu ainsi, des membres de la race humaine ont fait exactement la même chose les uns aux autres.

Citant Dieu hors contexte (si c'est bon pour moi, cela devrait assurément l'être pour vous), les humains se sont collé une « tache » les uns aux autres, avant même de commencer. Comme je l'ai déjà décrit, ils le font à ceux qui n'ont pas le bon sexe, la bonne couleur ou la bonne religion. Ils l'infligent aux gens de la mauvaise nationalité, du mauvais quartier, du mauvais parti politique, de la mauvaise orientation sexuelle ou de tout ce qu'il peut y avoir de « mauvais » selon eux. Ce faisant, les humains « jouent à Dieu ».

Mais c'est Dieu, dites-vous, qui vous a enseigné ces préjugés, car c'est lui qui a mis la première tache d'imperfection sur votre âme – qui *vous* a pré-jugés, avant même que vous ayez la chance de faire vos preuves, d'une façon ou d'une autre.

Par conséquent, le pré-jugement – c'est-à-dire le préjugé – doit être acceptable, car comment ce qui est acceptable pour Dieu peut-il ne pas l'être pour l'homme ?

Et pour quelle raison vous aurais-je tous déclarés imparfaits à votre naissance ? Si je l'ai fait, dit l'enseignement, c'est parce que les premiers humains étaient mauvais.

Nous voyons donc comment vous êtes retournés aux trois premières illusions pour justifier les quatrième, cinquième et sixième. Ainsi, chaque illusion engendre la suivante et chaque nouvelle illusion soutient les précédentes.

Selon votre récit culturel, lorsque Adam et Ève ont péché, ils ont été chassés du Paradis, perdant leur bonheur et leur droit à la vie éternelle – et le vôtre, par le fait même. Car je les ai condamnés non seulement à une vie empreinte de limites et de luttes, mais à une mort éventuelle (la Quatrième Illusion) qu'ils n'avaient jamais connue avant leur erreur.

D'autres récits et théologies culturels qui existent sur votre planète n'épousent pas le scénario d'Adam et Ève, mais créent néanmoins leur propre preuve de l'exigence. La plupart s'entendent là-dessus : les humains sont imparfaits aux yeux de Dieu et doivent faire quelque chose afin d'atteindre la perfection – diversement appelée Purification, Salut, Illumination... et ainsi de suite.

Puisque vous croyez à l'imperfection humaine, que vous croyez avoir reçue de moi, vous vous êtes sentis parfaitement libres de la refiler à d'autres. En même temps, vous vous êtes attendus, de la part des autres, à ce qu'on vous avait dit que je m'attendais de votre part : la perfection.

Ainsi il advint que les humains passèrent leur vie à exiger la perfection de ceux qu'ils qualifièrent d'imparfaits – c'est-à-dire eux-mêmes.

D'abord, ils se sont fait cela à eux-mêmes. Voilà l'erreur initiale, souvent la plus coûteuse.

Puis, ils l'ont fait aux autres. Voilà leur seconde erreur.

Ils ont rendu impossible qu'eux-mêmes *ou* les autres remplissent... les Exigences.

Les parents exigent la perfection de leurs enfants imparfaits, et les enfants exigent la perfection de leurs parents tout aussi imparfaits.

Les citoyens exigent la perfection de leur gouvernement imparfait, et le gouvernement exige la perfection de ses citoyens tout aussi imparfaits.

Les Églises exigent la perfection de leurs fidèles imparfaits, et les fidèles exigent la perfection de leurs Églises tout aussi imparfaites.

Les voisins exigent la perfection de leurs voisins, les races des autres races, les pays des autres pays.

Vous avez accepté comme une réalité l'illusion du jugement et avez déclaré que, puisque Dieu vous juge, vous aurez le droit de juger tous les autres. Et pour les juger, vous les jugez !

Votre monde s'empresse de juger, en particulier, quiconque reçoit les récompenses – la renommée, le pouvoir, le succès – supposément réservées à ceux qui sont parfaits et de condamner ceux en qui on découvre la moindre imperfection.

Vous êtes devenus, à votre époque, si fanatiques que vous empêchez les gens de devenir des chefs, des héros ou des icônes, vous privant ainsi de ce dont votre société a précisément besoin.

Vous êtes tombés dans un piège de votre propre fabrication, incapables de vous libérer des Jugements que vous

vous êtes imposés les uns aux autres et du jugement que, selon vos croyances, Dieu vous a imposé.

Mais pourquoi une simple observation à votre égard devrait-elle vous mettre si mal à l'aise ? Le simple fait d'observer est-il à ce point un jugement ? Ne pourrait-ce être qu'une simple observation ? Et si quelqu'un ne répond *pas* aux exigences ? Cela compte-t-il vraiment ?

Voilà les questions que les humains ont commencé à poser.

Il y avait clairement une faille dans la Sixième Illusion. Cela aurait dû révéler la fausseté de l'idée du jugement, mais les humains savaient, très profondément, qu'ils ne pouvaient *abandonner* l'illusion, sous peine de voir alors la fin de quelque chose d'essentiel.

Une fois de plus, ils avaient raison. Mais une fois encore, ils commirent une erreur. Au lieu de voir l'Illusion *en tant* qu'illusion et de l'utiliser aux fins auxquelles elle était destinée, ils crurent devoir en *corriger la faille*.

Ce fut donc pour réparer la faille de cette Sixième Illusion que fut créée la Septième Illusion.

Sept

L'Illusion de la Condamnation

Voici la Septième Illusion :

LA CONDAMNATION EXISTE.

Il était inévitable que le Jugement engendre une conséquence. Puisqu'il existait vraiment, il devait bien y avoir une *raison*. Il était clair que le Jugement servait à déterminer qui serait récompensé pour avoir répondu aux Exigences.

Voici comment les humains ont développé l'idée. En cherchant des raisons, des réponses, vous êtes retournés à vos récits culturels originels et aux Illusions premières sur lesquelles ils étaient fondés.

Vous vous êtes dit que je vous avais séparés de moi-même dès que vous aviez échoué à répondre à Mes Exigences.

Lorsque vous étiez parfaits, vous viviez dans un monde parfait, le Paradis, et vous jouissiez de la vie éternelle. Mais lorsque vous avez commis le péché originel et êtes devenus imparfaits, votre expérience de la perfection a pris fin, de toute manière.

L'aspect le plus parfait de votre monde parfait, c'était que vous ne mouriez jamais. La mort n'existait pas. Mais à la fin de votre expérience de la perfection, vous avez accepté la Quatrième Illusion comme un fait : l'insuffisance existe. Il y avait un manque. Même de vie.

Alors, il fallait que la mort en soit la *conséquence*. C'était une façon de vous punir de ne pas répondre aux exigences.

Mais comment pourrait-il en être ainsi ? demandèrent les penseurs les plus perspicaces parmi vous. Puisque *tout le monde* meurt, comment la mort peut-elle nous punir de ne pas répondre aux exigences ? Même ceux qui y *répondent* meurent !

Si la mort existait, c'était peut-être à cause d'un Manque de l'univers. L'insuffisance était peut-être la nature des choses. Cela, vous l'aviez appris à partir de la Quatrième Illusion.

Mais si la mort résultait d'un Manque, quelle était alors la conséquence du fait de ne pas répondre aux Obligations ? Quelque chose clochait. Quelque chose ne tenait pas debout. Vous êtes retournés à votre mythe originel. Dieu a chassé Adam et Ève du jardin d'Éden lorsqu'ils n'ont pas répondu aux exigences. Cela a créé la Désunion, qui a créé le Manque, qui a créé les Obligations.

Ainsi, l'insuffisance était le résultat de la punition de Dieu. La punition était la séparation, et l'insuffisance le résultat. Puisque la mort est le Manque de Vie, c'était elle, la punition.

Voilà comment vous avez expliqué les choses. La mort avait pour but de vous punir de ne pas répondre aux Obligations. Car sans la mort, il n'y avait que ce qu'il y avait toujours – c'est-à-dire la vie éternelle. Et si vous pouviez vivre à jamais, quelle était la conséquence du fait de ne pas avoir répondu aux exigences de Dieu ?

Alors, ce qui était éternel, il fallait l'appeler la récompense.

C'est ça ! vous êtes-vous dit. La Vie éternelle est la *récompense*. Mais vous vous trouviez devant une autre énigme. Puisque la mort existait, la Vie ne pouvait être éternelle.

Hum.

C'est un défi. Comment amener les deux à coexister – même si elles semblent s'exclure mutuellement.

Vous avez décidé que la mort du corps physique ne signifiait pas votre fin. Puisque l'existence de la mort empêchait la possibilité d'une vie perpétuelle, vous avez décidé que la vie continuerait à jamais *après la mort physique.*

Mais dans ce cas, pourquoi mourir ?

Pour rien. Ainsi, il fallait créer dans votre expérience d'*après*-mort... *une autre conséquence.*

Vous l'avez appelée la Condamnation.

Cela s'accordait à la perfection, en y pensant bien. Cela s'accordait à merveille à la Deuxième Illusion – que l'issue de la vie est incertaine ; que l'Échec existe !

Dès lors, vous pouviez miser sur les deux tableaux. Vous pouviez avoir la mort *et* la Vie éternelle, la punition *et* la récompense. En reportant les deux *après* la mort, vous étiez à même de faire de la mort non pas la punition, mais tout simplement l'ultime manifestation du Manque – la preuve la plus impressionnante de la Quatrième Illusion.

À présent, une Illusion commençait vraiment à soutenir l'autre. L'entrelacement était parfait. Votre travail était terminé : c'était la réalité produite par votre récit culturel et par la création et la transmission perpétuelles des mythes consolidateurs.

Les mythes soutiennent le récit, et le récit soutient les Illusions. Voilà la superstructure de toute votre cosmologie. Voilà les fondements de toutes vos interprétations.

Et *tout* cela est faux.

La mort n'existe pas. Affirmer le contraire, ce serait dire que vous n'existez pas, car vous êtes la Vie même.

Et faire une telle affirmation, ce serait dire que Dieu n'existe pas, car si Dieu est tout ce qui est (et c'est exactement ce qu'est Dieu) et si toutes les choses forment un tout unifié (et c'est le cas), si une chose meurt, toutes les choses meurent – autrement dit, Dieu meurt. Si une seule chose meurt, c'est Dieu qui meurt.

Bien sûr, c'est impossible. Sachez donc ceci : la mort et Dieu s'excluent mutuellement, ne peuvent coexister.

Si la mort existe, Dieu n'existe pas. Sinon, il faut conclure que Dieu n'est pas tout ce qui est.

Cela soulève une question intéressante : Y a-t-il quelque chose que Dieu ne soit pas ?

Si vous croyez que Dieu existe, mais qu'il n'est pas tout, vous pouvez croire à bien des choses. À la mort, au diable et *tutti quanti.*

Si, par contre, vous croyez que Dieu est l'énergie de la Vie même, que cette énergie ne meurt jamais mais change tout simplement de forme, et que non seulement cette divine énergie est *en* chaque chose, mais *est* chaque chose – que c'est *l'énergie qui forme ce qui a pris forme –,* alors, il suffit d'un petit pas pour comprendre que la mort n'existe pas et ne peut être.

C'est ainsi que cela se passe. Je suis l'énergie de la Vie. Je suis ce qui forme ce qui a pris forme. Tout ce que vous voyez est Dieu, en formation différente.

Tous, vous êtes une formation de Dieu.

Autrement dit, *vous êtes l'information de Dieu.*

Cela, je vous l'ai déjà dit, mais maintenant, vous pouvez au moins le comprendre.

Une grande partie de ce que je vous ai transmis dans nos conversations revient un certain nombre de fois ; à dessein, bien entendu. Vous devez développer une ferme maîtrise de chaque concept reçu avant de pouvoir en saisir de nouveaux.

Certains d'entre vous veulent aller plus vite et lancent : « D'accord, j'ai compris ! » Mais ont-ils bien saisi ? Votre façon de vivre est en fait une mesure de ce que vous avez ou non. C'est un reflet de vos interprétations les plus profondes. Si votre vie est une expérience de joie constante et de béatitude totale, c'est que vous comprenez vraiment. Cela ne veut pas dire qu'elle soit exempte des conditions propices à la douleur, à la souffrance et à la déception. Cela ne signifie pas que vous vivez dans la joie *en dépit* de ces conditions. Votre expérience n'a rien à voir avec des conditions.

Voici l'amour inconditionnel dont j'ai parlé à maintes reprises. Vous le ressentirez peut-être envers une autre personne ou envers la Vie même.

Lorsque vous ressentez un amour inconditionnel envers la Vie, vous l'aimez *exactement telle qu'elle se présente, ici, dans l'instant même.* Cela n'est possible que lorsque vous voyez la perfection.

Je vous le dis : *chaque chose et chaque personne est parfaite.* Lorsque vous verrez cela, vous aurez effectué votre premier pas vers la maîtrise. Mais vous ne pourrez le voir avant de discerner le but précis de tous les êtres et de toutes les choses qui existent.

Par exemple, lorsque vous comprendrez que si ce dialogue revient souvent aux mêmes points, c'est pour vous permettre d'approfondir votre compréhension et de vous rapprocher de la maîtrise, vous aimerez cette récurrence. Vous l'aimerez parce que vous en saisirez l'avantage. Vous chérirez ce cadeau.

Cela vous apportera de l'équanimité, à cet instant et à tous les moments de votre vie, même ceux que vous aurez trouvés désagréables. Vous éprouverez aussi une certaine sérénité aux instants précédant votre mort, car même celle-ci vous apparaîtra sous un jour parfait.

Vous trouverez et créerez de l'équanimité d'une façon encore plus magistrale lorsque vous comprendrez que *chaque instant* est une fin. En effet, chaque instant de votre vie est l'accomplissement de ce que vous étiez et le commencement de ce que vous choisissez maintenant de devenir.

À chaque seconde, vous vous recréez à neuf. Vous le faites consciemment ou non ; dans la conscience ou l'inconscience totale de ce qui est en train de se passer.

Pour être davantage en vie, inutile d'affronter l'instant de ce que vous appeliez la « mort ». Vous pouvez l'être davantage chaque fois que vous le voulez, de cent manières diverses, à cent moments différents – celui de votre naissance, de votre mort, ou tout moment intermédiaire.

Je vous le promets : vous *serez* davantage en vie au moment de votre mort physique – et cela vous convaincra mieux que tout que la vie *continue*, se poursuit à jamais et ne finit pas. Vous réaliserez alors qu'il n'y a jamais eu de carence. La vie n'a jamais manqué de rien, ni la substance de la vie.

Cela dissoudra pour toujours la Quatrième Illusion. Mais celle-ci peut se dissiper *avant* l'instant de la mort : tel est mon message ici.

Pour que la vie continue, il faut vivre davantage la mort. Ne laissez pas la mort être une expérience qui ne vous arrive qu'une seule fois ! Vivez chaque minute de votre vie comme une mort, car en vérité c'en est une, lorsque vous la redéfinissez comme l'aboutissement d'une expérience et le commencement d'une autre, ni plus ni moins.

Pour ce faire, vous pouvez tenir un petit rituel, à chaque fois, pour ce qui vient de passer, de mourir. Puis, vous pouvez vous retourner et créer l'avenir en prenant conscience qu'il *existe* un avenir, que *la Vie continue*.

Lorsque vous saurez cela, l'idée d'insuffisance disparaîtra et vous pourrez utiliser chaque merveilleux moment présent d'une façon nouvelle, en ayant une compréhension autre, une appréciation plus profonde et une conscience plus grande.

Votre vie ne sera plus jamais la même.

* * *

Lorsque vous concevrez que *la vie continue toujours*, vous apprendrez à *utiliser* à vos propres fins l'illusion qu'il n'y a pas assez de vie. Cela permettra à l'illusion de vous aider à cheminer et à revenir à votre nature véritable, plutôt que de vous en empêcher.

Vous pourrez relaxer, car vous saurez qu'il vous reste du temps, malgré qu'en apparence le temps passe. Vous pourrez créer avec une immense efficacité, car vous saurez que *la vie continue*, malgré l'illusion qu'elle s'achève. Vous pouvez trouver la paix et la joie, même si vous croyez à tort manquer de ce qu'il vous faut dans la vie, car maintenant, vous savez qu'il y en a assez, *vraiment*. Il y a suffisamment de temps, de vie et de substance de la vie pour vous amener à vivre heureux à jamais.

Lorsque vous vous permettrez de connaître l'abondance de ce qui semblait vous manquer, des changements extraordinaires se produiront dans votre manière de vivre.

Lorsque vous saurez qu'il y a amplement de tout, vous cesserez de rivaliser avec les autres pour l'amour, l'argent, le sexe, le pouvoir, pour tout ce qui semblait vous manquer.

La rivalité est terminée.

Et cela change tout. Maintenant, au lieu de lutter avec l'autre pour obtenir ce que vous voulez, vous donnez ce que vous voulez. Au lieu de vous débattre pour avoir plus d'amour, vous en offrez davantage. Au lieu de vous quereller pour le succès, vous faites en sorte que tout le monde réussisse. Au lieu de vous emparer du pouvoir, vous en donnez aux autres.

Au lieu de chercher l'affection, l'attention, la satisfaction sexuelle et la sécurité émotionnelle, vous en êtes la source. En effet, tout ce que vous avez jamais voulu avoir, vous le prodiguez maintenant aux autres. Le plus merveilleux dans tout cela, c'est que vous recevez dans la mesure où vous donnez. Vous avez soudainement *davantage* de ce que vous offrez. La raison en est claire. Cela n'a rien à voir avec le fait que votre geste soit « moralement correct », « spirituellement éclairé », ou obéisse à « la volonté de Dieu ». Cela provient d'une simple vérité : il n'y a personne d'autre ici. Il n'y a qu'une seule personne.

Mais l'Illusion dit le contraire. Elle dit que vous êtes tous séparés les uns des autres, et de moi. Qu'il manque de tout – même de Moi – et ainsi, qu'il faut faire quelque chose afin d'en avoir assez. Elle dit qu'on vous surveillera de près pour s'assurer que vous le ferez. Que si vous ne le faites pas, vous serez condamnés.

Cela ne semble pas très aimable. Mais s'il est une chose que tous vos récits culturels vous ont rapportée, c'est que Dieu est Amour. Amour suprême. Amour intégral. Amour insondable. Mais si Dieu est Amour, comment la condamnation pourrait-elle exister ? Comment Dieu peut-il nous condamner à une torture éternelle et indescriptible ?

Voilà des questions que les humains ont commencé à se poser.

Il y avait clairement une faille dans la Septième Illusion. Elle aurait dû révéler la fausseté de l'idée de condamnation, mais les humains savaient, sur un plan très profond, qu'ils ne pouvaient *abandonner* l'illusion, sous peine de voir alors la fin de quelque chose d'essentiel.

Une fois de plus, ils avaient raison. Mais une fois encore, ils commirent une erreur. Au lieu de voir l'Illusion *en tant* qu'illusion et de l'utiliser aux fins auxquelles elle était destinée, ils crurent devoir en *corriger la faille*.

Ce fut donc pour réparer la faille de cette Septième Illusion que fut créée la Huitième Illusion.

Huit

L'Illusion des Conditions

Voici la Huitième Illusion :

IL EXISTE DES CONDITIONS.

Pour que la Condamnation existe, il doit y avoir quelque chose que vous ne comprenez pas à propos de l'amour.

C'est ce que vous avez conclu et, pour résoudre le dilemme que cela suscitait, vous avez prêté une caractéristique à la vie : les Conditions.

Tout, dans la vie, doit être conditionnel. N'est-ce pas évident ? ont demandé certains de vos penseurs. N'avez-vous pas compris la Deuxième Illusion ? *L'issue de la vie est incertaine.*

L'échec existe.

Autrement dit, vous pouvez ne pas arriver à gagner l'amour de Dieu. Cet amour est conditionnel. Vous devez répondre aux exigences. Si vous n'y répondez pas, vous serez séparés. N'est-ce pas ce que vous a enseigné la Troisième Illusion ?

Vos récits culturels ont été fort persuasifs. Au cours de cette communication, j'ai largement utilisé les récits de la culture occidentale, celle dans laquelle cette communication a commencé. Mais les cultures orientales, et les nombreuses cultures et traditions humaines, fort diverses d'ailleurs, ont leurs propres récits, fondés pour la plupart sur l'une ou l'autre des Dix Illusions.

Comme je l'ai expliqué, il y a plus de dix illusions. Vous en créez des centaines chaque jour. Chacune de vos cultures a conçu les siennes, mais d'une façon ou d'une autre, elles sont toutes basées sur les mêmes idées fausses. En effet, elles ont toutes engendré les mêmes résultats.

À quelques exceptions culturelles près, la vie sur votre planète est remplie d'avidité, de violence, de meurtre et, presque partout, d'amour conditionnel.

Vous avez appris l'amour conditionnel en pensant que l'amour de l'Être suprême, peu importe comment vous le conceptualisez, impose des conditions. Ou bien, si vous ne croyez pas en un Être suprême, mais avez foi en la Vie même, vous avez conçu la vie comme un processus s'exprimant dans un contexte conditionnel. Autrement dit, une condition dépend d'une autre. Certains d'entre vous appelleraient cela le principe de la cause à effet.

Mais que dire de la cause première ?

C'est la question qu'aucun d'entre vous n'a pu élucider. Même vos plus grands scientifiques n'ont jamais pu dévoiler ce mystère. Même vos plus grands philosophes n'ont pas pu résoudre ce problème.

Qui a créé ce qui crée ?

Tant mieux si vous concevez un univers de causes et d'effets – mais qui est à la source de la cause première ?

C'est ici que vos enseignants trébuchent. Que votre cheminement prend fin. Que vous atteigniez le seuil de l'incompréhensible.

Maintenant, envolons-nous de ce seuil.

Il n'y a *pas* de Conditions dans l'univers. Les choses sont ce qu'elles sont et *ne peuvent à aucune condition ne pas être*.

Comprenez-vous cela ?

Il n'est pas possible que « Ce qui est » ne soit pas. Cela ne peut être vrai sous aucune condition. Voilà pourquoi la vie est éternelle. Car la vie est Ce qui est, et Ce qui est ne pourra jamais *ne pas être*.

La vie a toujours été, est ici-maintenant et sera à jamais, dans les siècles des siècles.

Il en est de même de Dieu. Car Dieu *est* ce qu'est la Vie.

Il en est de même de l'amour. Car l'amour *est* ce qu'est Dieu.

Par conséquent, l'amour ne connaît aucune condition. L'amour est, tout simplement.

L'amour ne peut pas ne pas exister et on ne peut sous aucune condition le faire disparaître.

Dans la phrase qui précède, vous pouvez substituer les mots « Vie » ou « Dieu » à « Amour », et elle restera tout aussi vraie.

L'amour conditionnel est un oxymore.

Avez-vous saisi ? Comprenez-vous ? Les deux termes s'excluent mutuellement. L'expérience des conditions et celle de l'amour ne peuvent se manifester en même temps au même endroit.

Ce qui vous détruit, c'est de croire qu'elles le peuvent.

Votre civilisation a choisi de vivre la Huitième Illusion sur un plan très élevé. Par conséquent, votre race même est menacée d'extinction.

Vous n'êtes pas menacés d'extinction. C'est impossible. Car vous êtes la Vie même. Mais la forme sous laquelle vous exprimez la Vie actuellement – la civilisation que vous avez créée et que vous êtes sur le point de décréer – n'est pas immuable. La merveille de Qui Vous Êtes, c'est que vous pouvez changer de forme au besoin. En réalité, vous le faites constamment.

Mais si vous appréciez la forme dans laquelle vous faites l'expérience de vous-mêmes, pourquoi la changer ?

Voilà la question à laquelle est confrontée toute la race humaine.

On vous a donné un paradis pour vivre. Toutes les joies possibles de la vie physique ont été mises à votre disposition. Vous êtes vraiment dans un jardin d'Éden. Cette part de votre récit culturel est réelle. Mais vous n'êtes pas séparés de moi et n'aurez jamais à l'être. Vous pourrez connaître ce paradis tant que vous le souhaiterez. Ou vous pourrez le détruire à un moment d'avis.

Que choisissez-vous ?

Vous êtes sur le point de choisir la seconde éventualité. Est-ce bien votre choix ? Est-ce là votre décision consciente ?

Examinez très soigneusement cette question. Bien des choses dépendent de votre réponse.

Malgré l'absence de véritables conditions dans l'univers, vous avez fermement cru qu'il y en avait. Qu'elles existaient certainement dans le royaume de Dieu. Comme vous l'ont enseigné vos religions, elles doivent bien exister dans le vaste univers. C'était, avez-vous décidé, un fait de la vie. Vous avez donc passé des vies entières à essayer d'imaginer quelles conditions vous permettaient de créer la vie – et l'après-vie – que vous souhaitiez si vous ne répondiez pas aux exigences. Si vous les satisfaisiez, il n'y avait aucun problème. Mais que se passait-il dans le cas contraire ?

Cette recherche vous a menés à une impasse, car il n'y a *pas* de conditions. Vous pouvez avoir la vie que vous voulez et l'après-vie que vous imaginez : *il suffit de choisir.*

Cela, vous ne le croyez pas. La formule ne peut être si simple, dites-vous. Non, non... vous devez répondre aux exigences !

Vous ne comprenez pas que vous êtes des êtres créateurs... et que j'en suis un. Vous imaginez que je peux ne pas arriver, d'une façon quelconque, à obtenir une chose que je désire (que tous mes enfants me reviennent). Autrement dit, vous croyez que je ne suis pas un être créatif. Que si je l'étais, je pourrais créer tout ce que je veux. Mais il semble que mes volontés dépendent de certaines conditions.

Les humains n'ont pu concevoir les conditions à remplir pour retourner à Dieu. Alors, ils ont fait de leur mieux... et en ont *inventé*. Les explications ont été fournies par ce que vous appelez les religions.

Les religions pouvaient expliquer non seulement ces exigences, mais aussi comment retrouver l'amour de Dieu sans devoir y répondre. Ainsi naquirent les concepts de *pardon* et de *salut*. C'étaient les conditions de l'amour. Dieu disait : « Je vous aime *si* » – et ces conditions, c'étaient les « si ».

Si les gens avaient eu un regard objectif, le fait que chaque religion expliquait le pardon et le salut différemment aurait prouvé que tout cela était une invention. Mais l'objectivité n'était pas le propre des humains. Même aujourd'hui, peu en font preuve.

Vous continuez à prétendre que vous n'inventez *rien*. Vous affirmez que les conditions de votre retour à Dieu ont été établies par moi. Et s'il y a plusieurs centaines de religions différentes, qui désignent plusieurs milliers de conditions, ce n'est pas parce que j'ai livré un message brouillé, mais parce que la race humaine ne l'a tout simplement pas bien saisi.

Vous, vous l'avez bien saisi, évidemment. Seulement, ces *autres gens*, de ces *autres religions*, ne l'ont pas bien compris, eux.

Il y a bien des manières de résoudre cette question. Vous pourriez ignorer ces individus, tenter de les convertir ou décider tout simplement de les éliminer.

Votre race a essayé tous ces moyens. Et vous en aviez le droit, n'est-ce pas ? Et la responsabilité ? Car n'était-ce pas l'œuvre de Dieu ? N'étiez-vous pas appelés à convaincre et à convertir les autres afin qu'eux aussi puissent connaître la vérité ? Vos meurtres et vos nettoyages ethniques n'étaient-ils pas justifiés lorsque vous ne pouviez convaincre les autres ? N'y avait-il pas quelque chose, un je-ne-sais-quoi de non écrit qui vous octroyait ce droit ?

Voilà des questions que les humains commencèrent à se poser.

Il y avait clairement une faille dans la Huitième Illusion. Elle aurait dû révéler la fausseté de l'idée de conditions, mais les humains savaient, sur un plan très profond, qu'ils ne pouvaient *abandonner* l'illusion, sous peine de voir alors la fin de quelque chose d'essentiel.

Une fois de plus, ils avaient raison. Mais une fois encore, ils commirent une erreur. Au lieu de voir l'Illusion *en tant qu'*illusion et de l'utiliser aux fins auxquelles elle était destinée, ils crurent devoir en *corriger la faille.*

Ce fut donc pour réparer la faille de cette Huitième Illusion que fut créée la Neuvième Illusion.

Neuf

L'Illusion de la Supériorité

Voici la Neuvième Illusion :

LA SUPÉRIORITÉ EXISTE.

Les humains conclurent que s'il existait des Conditions, la *connaissance* de celles-ci serait nécessaire pour apprécier et créer la vie et l'après-vie désirées.

Cette conclusion était d'ailleurs inévitable – ceux qui connaissaient les Conditions vivaient mieux que les autres.

Et il ne fallut pas beaucoup de temps à la race humaine pour croire qu'en plus, ils « valaient » mieux.

Ainsi naquit l'idée de Supériorité.

La supériorité avait maints usages. En premier lieu, elle justifiait indiscutablement les gestes qu'on posait pour garantir qu'il y ait « suffisamment » de tout – y compris l'amour de Dieu. La connaissance des conditions donnait à quelqu'un le droit d'ignorer les autres, d'essayer de les convertir, ou tout simplement d'éliminer ceux qui ne connaissaient pas ces conditions, ou ne s'y pliaient pas.

Par conséquent, chercher à approfondir les conditions de la Vie devint une préoccupation majeure. Le fait de connaître les conditions de la Vie s'appela la science et celui de connaître les conditions de l'après-vie s'appela la conscience. Et si on saisissait bien tout cela, on était censé avoir « bonne conscience » ou être « conscient ».

Une « conscience élevée », c'était ce qui résultait de l'étude sérieuse de quelque chose que l'on appelait théologie, de *théo* et *logie* : en gros, la logique de Dieu.

Après beaucoup d'études, on conclut qu'en certaines occasions, on pouvait répondre aux exigences, et qu'en d'autres, c'était impossible. Il y avait également des circonstances dans lesquelles on pouvait se faire pardonner de n'avoir *pas* répondu aux Exigences.

Ces circonstances furent appelées « les Conditions ».

Dans votre expérience, l' « avoir » s'ajouta au « faire ».

Avec suffisamment d'intelligence, vous pouvez faire ce qu'on appelle obtenir de bons résultats, finir à la tête de la classe et trouver un bon emploi. Vous pouvez alors être désigné comme quelqu'un qui a réussi.

Avec suffisamment d'argent, vous pouvez faire ce qu'on appelle acheter une magnifique maison et être, comme on le dit, en sécurité.

Si vous avez suffisamment de temps, vous pouvez faire ce qu'on appelle prendre des vacances et être, comme on le prétend, reposé, rafraîchi et détendu.

Avec suffisamment de pouvoir, vous pouvez faire ce qu'on appelle déterminer votre propre destin et être, comme on l'allègue, libre.

Avec suffisamment de foi, vous pouvez faire ce qu'on appelle chercher Dieu et être, comme on l'affirme, sauvé.

Voilà comment vous avez organisé votre monde. Si quelqu'un a ce qu'il faut, il peut faire ce qu'il faut – les choses qui lui permettent d'être ce qu'il a toujours voulu être.

Le problème, c'est que les gens ne peuvent aisément *faire* toutes les choses qu'ils doivent *faire*, à moins d'avoir toutes les choses que, selon vous, ils doivent avoir.

Ils ne peuvent obtenir de bon emploi et s'élever jusqu'au sommet, même s'ils ont l'intelligence requise, à moins d'être aussi du bon sexe. Ils ne peuvent acheter de magnifique maison, même s'ils ont l'argent, à moins d'être aussi de la bonne couleur. Ils ne peuvent trouver Dieu, même s'ils ont la foi, à moins d'être aussi de la bonne religion. Le fait d'avoir ce qu'il faut ne vous garantit pas d'obtenir tout ce que vous désirez, mais cela vous donne une bonne longueur d'avance.

Plus on acquérait de connaissances sur ces Conditions (ou plus on était censé en avoir acquis), plus on passait pour supérieur. Comme on l'a vu, cette supériorité donnait aux gens l'autorité (ou encourageait certains à se l'accorder) pour faire tout ce qu'ils trouvaient nécessaire afin de s'assurer davantage de Vie et de Dieu – car il n'y avait pas assez des deux.

Voilà pourquoi vous avez fait ce que vous avez fait, inévitablement : parce qu'il n'y en avait pas suffisamment. Voilà ce que vous vous êtes dit. Votre espèce entière a accepté ce mantra.

Puisque vous êtes plus d'un, il n'y en a pas assez pour tout le monde. Il y a pénurie de nourriture, d'argent, d'amour, de Dieu.

Vous devez rivaliser pour cela.

Et dans ce cas, vous devez établir une façon de déterminer les gagnants.

La réponse était simple : la supériorité.

Celui qui est supérieur gagne – et la supériorité est fondée sur certaines conditions.

Comme certains humains voulaient garantir leur victoire, ils ajoutèrent des conditions et purent ainsi se déclarer vainqueurs à l'avance.

Par exemple, ils déclarèrent les hommes supérieurs aux femmes. N'était-ce pas évident ? demandèrent certains de vos penseurs. (Bien sûr, la question était surtout posée par des hommes.)

De même, les Blancs furent déclarés supérieurs.

Puis, plus tard, les Américains.

Et, bien sûr, les chrétiens.

Ou étaient-ce les Russes ? Et les juifs ? Ou les *femmes* ?
Cela pouvait-il être vrai ? Bien sûr que oui. Tout dépendait de ceux qui *avaient créé le système*.

Les tout premiers êtres supérieurs n'étaient pas des hommes... et les hommes étaient d'accord là-dessus. Après tout, les femmes n'étaient-elles pas celles qui apportaient la vie ? Et la vie n'était-elle pas ce que tout le monde désirait le plus ? Ainsi, ce fut durant la période matriarcale que les femmes furent considérées comme supérieures.

De même, la race blanche ne fut pas la première race et, par conséquent, ne fut pas non plus supérieure.

En *vérité*, elle n'est pas supérieure aujourd'hui.

Les hommes non plus.

Ni les juifs.

Ni les chrétiens.

Ni les musulmans, les bouddhistes, les hindous, ni même les démocrates ou les républicains, ni les conservateurs ni les communistes, ni *qui que ce soit*.

Voici la vérité – la vérité qui vous libérera, celle que vous ne pouvez pas laisser proclamer parce qu'elle libérera *vraiment* tout le monde :

La supériorité n'existe pas.

Vous avez *tout inventé*.

Vous avez défini ce que *vous* croyiez supérieur à partir de vos préférences, de vos désirs et de vos interprétations (qui sont, en effet, très limitées). Vous avez proclamé ce qu'il y avait de meilleur à partir de *votre* perspective, de *vos* objectifs et de *votre* programme.

Mais certains d'entre vous ont proclamé que c'était *mon* programme. *Dieu* est celui qui vous a appelés le peuple élu, ou la seule foi véritable, ou l'unique voie du salut.

Tout cela remonte à la Première Illusion : le Besoin existe. Vous imaginez que, parce que Dieu a des besoins, il a un programme.

Ce fut votre première erreur, et elle a engendré ce qui pourrait être votre dernière. Car je vous dis ceci : *votre idée de la supériorité pourrait être la dernière de vos erreurs.* Les humains se croient supérieurs à la nature ; par conséquent, ils cherchent à la soumettre. Ce faisant, ils détruisent l'habitat même qui a été créé pour les protéger et constituer leur paradis.

Les humains se croient supérieurs les uns aux autres. Ce faisant, ils cherchent à se soumettre les uns les autres ; ils détruisent la famille même qui a été créée pour les adopter et leur donner de l'amour.

Actuellement, votre espèce rend très difficile l'expérience de la vie, parce qu'elle croit aux Illusions. Comme vous n'utilisez pas celles-ci aux fins auxquelles elles étaient prévues, vous voilà en train de changer ce qui était censé être un rêve magnifique en un cauchemar éveillé.

Mais vous pouvez défaire tout cela, immédiatement. Il vous suffit de voir les illusions pour ce qu'elles sont – des réalités inventées dans un but – puis d'arrêter de les vivre comme si elles étaient réelles.

En particulier, cessez de vivre la neuvième illusion avec une telle conviction. En effet, utilisez l'illusion pour remarquer l'inexistence de la supériorité. Il ne peut y avoir de « meilleur » lorsque nous ne faisons tous qu'un. Une chose ne peut être supérieure à elle-même.

Toutes choses ne font qu'Une, et il n'y a rien d'autre. « Nous ne faisons tous qu'Un », c'est là davantage qu'un beau slogan. *C'est une description précise de la nature de l'ultime réalité.* Lorsque vous comprenez cela, vous commencez à faire l'expérience de la vie – et à vous traiter les uns les autres – d'une nouvelle façon. Vous voyez différemment la relation entre toutes choses. Vous remarquez l'interrelation sur un plan beaucoup plus élevé. Votre conscience s'élargit, votre degré d'observation se raffine. Vous avez, littéralement, *un regard pénétrant.*

Ce regard en profondeur sur la vie vous permet de dépasser l'illusion et de reconnaître – « connaître à nouveau » – *votre* réalité. C'est par ce processus que vous vous rappelez Qui Vous Êtes Vraiment.

Ce mouvement de l'in-connaissance à la re-connaissance peut être lent. Le trajet peut être parcouru à petits pas, mais ceux-ci peuvent produire de grandes avancées. Rappelez-vous toujours cela.

Un petit pas consisterait à mettre fin à la notion de supériorité.

Et cette dernière est la plus séduisante à avoir jamais été infligée à la race humaine. En un instant, elle peut changer le cœur en pierre, le chaud en froid, le oui en non.

Une seule phrase, prononcée du haut de vos chaires, de vos lutrins et de vos estrades, par vos représentants nationaux et vos leaders aux sommets mondiaux, pourrait tout changer.

« Notre façon de faire n'est pas meilleure, elle n'est que différente. »

Cette humble parole pourrait petit à petit guérir les divisions entre vos religions, mettre un terme aux divergences entre vos partis politiques, mater les conflits entre vos nations.

D'un seul *mot*, vous pourriez y mettre fin.

« *Namaste**. »

Le Dieu en moi honore le Dieu en vous.

---

* Salutation en sanskrit.

Comme c'est simple. Comme c'est beau. Comme c'est merveilleux, en effet.

Mais comme c'est difficile, lorsqu'on est pris au piège de l'illusion, de voir Dieu en chaque être et en chaque chose. Chaque personne devrait avoir conscience de l'illusion – rester consciente que c'*est* une illusion.

Cependant, si ce n'est pas une illusion mais la vie même, comment se fait-il que, précisément, lorsque nous nous imaginons supérieurs, nous avons des comportements totalement inférieurs ? Pourquoi se fait-il que c'est précisément lorsque nous nous croyons meilleurs que nous faisons moins bien les choses ?

Il y avait clairement une faille dans la Neuvième Illusion. Elle aurait dû révéler la fausseté de l'idée de supériorité, mais les humains savaient, sur un plan très profond, qu'ils ne pouvaient *abandonner* l'illusion, sous peine de voir alors la fin de quelque chose d'essentiel.

Une fois de plus, ils avaient raison. Mais une fois encore, ils commirent une erreur. Au lieu de voir l'Illusion *en tant* qu'illusion et de l'utiliser aux fins auxquelles elle était destinée, ils crurent devoir en *corriger la faille*.

Ce fut donc pour réparer la faille de cette Neuvième Illusion que fut créée la Dixième Illusion.

Dix

L'Illusion de l'Ignorance

Voici la Dixième Illusion :

L'IGNORANCE EXISTE.

À mesure que les illusions s'accumulaient, la Vie devenait un mystère de plus en plus difficile à percer. Les humains posaient toujours plus de questions sans réponses. Si telle chose était vraie, alors, pourquoi telle autre ? Pris de court, philosophes et enseignants levèrent bientôt les bras. « Nous ne savons pas, dirent-ils, et nous ne savons pas davantage s'il est *possible* de savoir. »

Ainsi naquit l'idée d'Ignorance.

Elle était si commode qu'elle se répandit rapidement et devint bientôt l'ultime réponse.

Nous ne savons tout simplement pas.

Bientôt, les institutions humaines y trouvèrent non seulement un refuge, mais une sorte de pouvoir. « Nous ne savons pas » devint « Nous ne sommes pas *censés* savoir », puis « Il n'est pas *nécessaire* de savoir », et finalement « Il n'y a pas de mal à ne pas savoir ».

Cela donna aux religions et aux gouvernements l'autorité nécessaire pour affirmer leurs choix et agir à leur guise sans devoir répondre à qui que ce soit.

En fait, « Nous ne sommes pas censés savoir » devint une doctrine religieuse. Il y a dans l'univers certains secrets que Dieu ne veut pas que nous sachions, déclara-t-elle, et il est blasphématoire de s'enquérir de ces questions. Cette doctrine s'étendit rapidement de la religion à la politique et au gouvernement.

Il y eut donc, au cours de votre histoire, une époque où, si l'on posait certaines questions, de certaines façons, on pouvait se faire décapiter.

Littéralement.

Cette interdiction à l'égard de l'interrogation éleva l'Ignorance au rang de qualité. Le fait de ne pas poser de questions fut considéré comme un signe de sagesse et de bonnes manières. Cela devint un comportement accepté. Ou plutôt, *escompté*.

Même si la punition pour l'offense de la question impertinente ne semble pas tout à fait aussi sévère qu'à l'époque, il y a des endroits de votre planète où les choses n'ont pas tellement changé.

Certains régimes totalitaires n'allouent encore que les voix consentantes, étouffant les autres, celles de la dissension, parfois avec grande brutalité.

On justifie alors ces comportements barbares en proclamant qu'ils sont « nécessaires pour maintenir l'ordre ». Les protestations de la communauté internationale sont reçues avec des grimaces indignes, les gouvernements répressifs qualifiant ces problèmes d' « affaires internes ».

Je vous dis ceci : *l'essence de l'amour est la liberté.* Si quelqu'un prétend vous aimer et prendre soin de vous, il doit vous accorder la liberté.

C'est aussi simple que cela. Vous n'avez pas à chercher plus loin, ni plus profondément, une interprétation plus sophistiquée.

Je vous l'ai déjà précisé et je vous le répéterai. Il n'y a que deux énergies au cœur de l'expérience humaine : l'amour et la peur.

L'amour accorde la liberté, la peur la dérobe. L'amour ouvre, la peur ferme. L'amour invite à la pleine expression, la peur la refrène.

Ce barème vous permet de savoir si quelqu'un vous aime ou vous craint. Ne vous fiez pas à ses paroles mais à ses actions.

L'amour vous invite toujours à rompre les liens de l'ignorance. À poser des questions. À chercher des réponses. À parler en toute liberté. À partager n'importe quelle pensée. À soutenir n'importe quel système. À vénérer n'importe quel Dieu.

À vivre votre liberté.

L'amour vous invite toujours à *vivre votre liberté.*

Voilà comment vous pouvez déterminer s'il s'agit de l'amour.

Je vous aime. Voilà pourquoi je suis venu vous expliquer que *l'ignorance est une illusion.*

Vous savez tout à propos de Qui Vous Êtes Vraiment – c'est-à-dire l'essence de l'amour. Vous n'avez rien à apprendre, vous n'avez qu'à vous rappeler.

On vous a dit qu'on ne pouvait connaître Dieu et que le seul fait de poser une question à mon sujet était une offense.

Ce n'est pas vrai.

Aucune de ces affirmations ne l'est.

On vous a dit que je pouvais avoir besoin de quelque chose de votre part et que si vous ne me le donniez pas, vous ne pourriez pas retourner chez vous, en Union avec moi.

Ce n'est pas vrai.

Aucune de ces affirmations ne l'est.

On vous a dit que vous étiez séparés de moi, et séparés les uns des autres.

Ce n'est pas vrai.

Aucune de ces affirmations ne l'est.

On vous a dit qu'il n'y en avait pas suffisamment pour tout le monde et que vous deviez par conséquent rivaliser les uns avec les autres pour tout, y compris Moi.

Ce n'est pas vrai.

Aucune de ces affirmations ne l'est.

On vous a dit que si vous ne faisiez pas ce que je demandais dans cette rivalité, vous seriez punis, et que la punition était la condamnation à la torture éternelle.

Ce n'est pas vrai.

Aucune de ces affirmations ne l'est.

On vous a dit que mon amour pour vous était conditionnel et que si vous connaissiez mes conditions, et toutes celles nécessaires pour remporter la compétition pour la vie, vous étiez supérieurs.

Ce n'est pas vrai.

Aucune de ces affirmations ne l'est.

Enfin, on vous a dit que *vous ne saviez pas* que ces affirmations étaient fausses et que vous ne pourriez *jamais* le savoir, parce que c'était beaucoup trop vous demander.

Ce n'est pas vrai.

Aucune de ces affirmations ne l'est.

VOICI DONC LA VÉRITÉ :

1. Dieu n'a besoin de rien.
2. Dieu ne peut pas échouer, ni vous non plus.
3. Rien n'est séparé de quoi que ce soit.
4. Il y en a assez pour tout le monde.
5. Vous n'avez rien à faire.
6. Vous ne serez jamais jugés.
7. Vous ne serez jamais condamnés.

8. L'amour ne connaît aucune condition.

9. Une chose ne peut être supérieure à elle-même.

10. Vous savez déjà tout cela.

Deuxième partie

La maîtrise des Illusions

Un nouvel enseignement
à transmettre à vos enfants

Faites connaître ces vérités à vos enfants.
Enseignez à vos enfants qu'ils n'ont besoin de rien d'autre qu'eux-mêmes pour être heureux – ni personne, ni endroit, ni rien d'extérieur – et que le bonheur véritable se trouve en soi. Enseignez-leur qu'ils *se suffisent à eux-mêmes*. Informez-les de cela et vous leur aurez prodigué un enseignement magnifique.

Enseignez à vos enfants que l'échec est une fiction, que toute tentative est une réussite et que tout effort atteint la victoire, celui-là n'étant pas moins honorable que celle-ci. Informez-les de cela et vous leur aurez prodigué un enseignement magnifique.

Enseignez à vos enfants qu'ils sont profondément reliés à toute la vie, qu'ils ne font qu'un avec le monde entier et qu'ils ne sont jamais séparés de Dieu. Informez-les de cela et vous leur aurez prodigué un enseignement magnifique.

Enseignez à vos enfants qu'ils vivent dans un monde d'abondance extraordinaire, qu'il y en a assez pour tout le monde et que c'est par le *partage*, et non par l'*accumulation*, que l'on reçoit. Informez-les de cela et vous leur aurez prodigué un enseignement magnifique.

Enseignez à vos enfants qu'ils n'ont pas besoin d'être ni de faire quoi que ce soit pour être éligibles à une vie de dignité et de plénitude, qu'ils n'ont pas à rivaliser avec qui que ce soit et que les bénédictions de Dieu sont destinées à chacun.

Informez-les de cela et vous leur aurez prodigué un enseignement magnifique.

Enseignez à vos enfants qu'ils ne seront jamais jugés, qu'ils n'ont pas à se soucier de toujours avoir raison et qu'ils n'ont ni à changer ni à « s'améliorer » pour être beaux et parfaits aux yeux de Dieu.

Informez-les de cela et vous leur aurez prodigué un enseignement magnifique.

Enseignez à vos enfants que les conséquences et les punitions ne sont pas une seule et même chose, que la mort n'existe pas et que Dieu ne condamnerait jamais personne.

Informez-les de cela et vous leur aurez prodigué un enseignement magnifique.

Enseignez à vos enfants que l'amour est sans condition, qu'ils n'ont pas à s'inquiéter de perdre votre amour, ni celui de Dieu, et que leur propre amour, s'ils le partagent inconditionnellement, est le plus grand cadeau qu'ils puissent offrir au monde.

Informez-les de cela et vous leur aurez prodigué un enseignement magnifique.

Enseignez à vos enfants que le fait d'être précieux ne veut pas dire qu'ils soient supérieurs, que ce n'est pas en prétendant être supérieur à quelqu'un qu'on voit cette personne dans sa nature véritable et que le fait de reconnaître que « ma façon de faire n'est pas meilleure, mais différente » a des vertus thérapeutiques.

Informez-les de cela et vous leur aurez prodigué un enseignement magnifique.

Enseignez à vos enfants que rien n'est à leur épreuve, que l'illusion de l'ignorance peut être effacée de la Terre et que tout ce dont on peut vraiment avoir besoin, c'est d'être redonné à soi-même en se rappelant Qui On Est Vraiment.

Informez-les de cela et vous leur aurez prodigué un enseignement magnifique. Enseignez cela non par des paroles, mais par des gestes ; non par des exposés, mais par des démonstrations. Car c'est ce que vous faites que vos enfants imiteront, et c'est votre façon d'être qu'ils deviendront.

Maintenant, allez transmettre ces vérités non seulement à vos enfants, mais à tous les gens et à tous les peuples. Car tous les gens sont vos enfants et tous les peuples, votre maison, lorsque vous empruntez la voie de la maîtrise.

C'est le voyage pour lequel vous vous êtes embarqués il y a bien des siècles et bien des vies. C'est celui auquel vous vous êtes préparés pendant longtemps et qui vous a amenés ici, en ce moment et en ce lieu.

C'est le voyage qui vous appelle avec plus d'urgence que jamais et que vous avez le sentiment de poursuivre à une vitesse accrue.

C'est l'inévitable résultat des désirs de votre âme. C'est votre cœur qui parle, dans le langage de votre corps. C'est l'expression de la divinité en vous. Et il vous appelle maintenant plus que jamais – car vous l'entendez à présent comme jamais.

Il est temps de partager une vision glorieuse avec le monde : *celle de tous les esprits qui ont cherché avec sincérité, de tous les cœurs qui ont aimé avec loyauté, de toutes les âmes qui ont ressenti avec ouverture l'unité de la Vie.*

Lorsque vous aurez senti cela, vous ne vous contenterez jamais de moins. Lorsque vous en aurez fait l'expérience, vous ne voudrez que le partager avec tous ceux dont vous rejoignez la vie.

Car c'est la Réalité, et elle contraste d'une façon spectaculaire avec l'illusion. *Grâce à* l'illusion, vous pouvez faire l'expérience de la Réalité et la connaître. Mais vous n'êtes pas l'Illusion, et la personne dont vous faites l'expérience au sein de cette Illusion n'est pas Qui Vous Êtes Vraiment.

Vous ne pouvez vous rappeler Qui Vous Êtes Vraiment, tant que vous croirez en la réalité de l'Illusion. Vous devez comprendre que cette Illusion est une illusion – que vous l'avez créée à des fins très réelles, mais qu'elle n'est pas réelle.

C'est ce que vous êtes venus vous rappeler, avec plus de clarté que jamais.

La transformation de votre monde dépendra de ce que vous vous rappelez. Le mot éducation signifie non pas « faire entrer » mais plutôt « faire ressortir ». Toute éducation véritable consiste à soutirer de l'étudiant ce qui est déjà en lui. Le maître sait que cela s'y trouve déjà et, par conséquent, n'a pas besoin de l'y mettre. Le maître cherche tout simplement à faire en sorte que l'*étudiant* remarque que cela réside bel et bien en lui.

Enseigner, ce n'est jamais aider les autres à apprendre ; c'est plutôt les aider à se rappeler.

Tout apprentissage est un rappel. Tout enseignement l'est aussi. Toutes les leçons sont des souvenirs retrouvés.

Il est impossible d'enseigner quoi que ce soit de nouveau, car il n'y a rien de neuf à transmettre. Tout ce qui a jamais été, est et sera... *existe maintenant.*

L'âme a accès à toute cette information. En effet, l'âme *est* tout cela... *en formation.*

L'âme est le corps de Dieu en formation.

Je suis dans un constant processus de formation qu'on a appelé évolution, et il est sans fin.

Si vous imaginez Dieu comme un processus ou un être « fini », vous ne vous êtes pas correctement rappelé la réalité. Voici un grand secret : *Dieu n'en a jamais fini.*

Avec quoi que ce soit. Même avec vous.

Dieu n'en a jamais fini avec vous.

Car *vous* êtes ce que *Dieu* est. Et puisque Dieu n'en a jamais fini avec Dieu, Dieu ne peut en finir avec vous.

Voici donc la divine dichotomie : j'ai affirmé que tout ce qui a jamais été, est et sera *existe* maintenant. J'ai dit, également, que le processus de l'évolution est continu et, par conséquent, ne finira jamais. Comment les deux propositions peuvent-elles coexister ?

La réponse concerne la nature du temps, telle que vous l'entendez. En vérité, le temps n'existe pas : ce n'est qu'un processus continu de l'éternel Instant présent.

Dieu est un processus.

Vous ne pouvez comprendre cela dans le cadre de la logique humaine ou des limites de l'esprit humain. Ces limites, il se les est imposées lui-même, pour une raison précise. Il faut donc remonter à la raison de toute l'illusion, qui vous a maintenant été exposée à maintes reprises – et qui le sera une fois de plus avant la fin de la présente communication.

Pour l'instant, qu'il vous suffise de savoir que Dieu n'a jamais fini de « dieuser ». Le processus par lequel je fais l'expérience de moi-même est continuel, infini et instantané.

L'aspect particulier de moi-même qui se manifeste sous la forme de la vie humaine et terrestre est d'ores et déjà en transformation. Vous êtes, à l'heure actuelle, en train de choisir de jouer un rôle conscient dans cette transformation. Votre choix se voit dans le simple fait d'avoir ouvert ce livre. Vous ne l'auriez pas fait – et vous ne vous seriez surtout pas rendus à cette page – sans avoir l'intention, sur un plan très profond, de retourner à la conscience.

Même si vous pensez lire ce bouquin d'un œil sceptique ou critique, ce n'est que votre rêve actuel. Vous êtes parvenus à cette communication dans le but sous-jacent de vous rappeler avec magnificence.

Ce rappel est en train d'arriver, partout dans votre monde, dans toute votre société humaine. Il a commencé pour de bon et vous en voyez la preuve partout autour de vous.

Vous êtes à la veille du deuxième stade du processus de transformation de la vie sur votre planète, et il peut se compléter en un très court laps de temps – quelques décennies, une ou deux générations – si tel est votre choix.

Le premier stade de cette transformation a été beaucoup plus long – en effet, il s'est étendu sur plusieurs millénaires. Mais même à l'échelle cosmique, il s'agit là d'une très courte période. C'est au cours de cette période de l'éveil de l'humanité que des individus que vous avez appelés enseignants, maîtres ou avatars ont entrepris la tâche de rappeler à d'autres Qui Ils Sont Vraiment.

Lorsque le nombre de gens touchés par ce premier groupe et son enseignement atteindra la masse critique, vous connaîtrez un éveil de l'esprit, ou ce que vous appelleriez une percée, au cours duquel s'amorcera le second stade de la transformation.

Les adultes enseignent petit à petit aux jeunes – à partir de là, le mouvement sera très rapide.

Votre race est en train de vivre cette percée. De nombreux humains ont déjà connu un changement lors du passage au nouveau millénaire. Ce fut un moment clé de l'avènement d'un changement planétaire de conscience dans lequel vous jouez maintenant un rôle.

La poursuite de cet élan repose sur la jeunesse. Si l'éducation de votre progéniture comprend certains principes de vie, votre espèce pourra effectuer le saut quantique dont elle est capable.

Édifiez vos écoles autour de concepts, et non de sujets d'enseignement. Autour de concepts essentiels, tels que la conscience, l'honnêteté, la responsabilité, et d'autres valeurs telles que la transparence, le partage, la liberté, la pleine expression de soi, la célébration sexuelle dans la joie, la formation des liens affectifs entre humains et la diversité dans l'unité.

Enseignez ces vérités à vos enfants, et vous leur aurez procuré un enseignement magnifique. Par-dessus tout, parlez-leur de l'illusion et dites-leur comment – et pourquoi – vivre *avec* elle, et non *en* elle.

Douze

La reconnaissance des Illusions

Comment voir l'illusion en tant que telle alors qu'elle semble si réelle ? Et comment peut-elle paraître aussi vraie si c'est une illusion ?

Voilà les questions que les humains commencent à se poser au moment où votre espèce passe à l'expérience de sa propre évolution consciente. Il y aura des réponses, et vous sortirez de l'Illusion de l'Ignorance.

Je vais soumettre ici des réponses à votre réflexion.

Rappelez-vous : *comme pour toutes les communications provenant de Dieu*, vous devez considérer celle-ci comme valable, mais non infaillible. Vous êtes votre propre autorité suprême. Que vous lisiez le Talmud ou la Bible, le Bhaga-vad-Gita ou le Coran, le canon pali, le Livre de Mormon ou tout autre texte sacré, ne placez pas la source de votre autorité hors de vous-même. Cherchez plutôt *en vous* afin de voir si la vérité trouvée s'harmonise avec celle de votre cœur. Le cas échéant, ne dites pas aux autres : « Ce livre, c'est la vérité », mais « Ce livre, c'est pour moi la vérité. »

Et si d'autres vous demandent comment la vérité que vous avez trouvée en vous a changé votre vie, répondez-leur que votre voie n'est pas meilleure, qu'elle est tout simplement différente.

C'est le cas de la présente communication, *qui n'est qu'une vision parmi d'autres*. Si, pour vous, elle éclaire le monde, très bien. Si elle vous met en contact plus intime avec votre vérité la plus profonde, bien. Mais prenez garde de ne pas en faire votre nouvelle « écriture sainte », car alors, vous n'aurez fait que remplacer un ensemble de croyances par un autre.

Ne cherchez pas cela. Cherchez plutôt une conscience de ce que vous connaissez. Utilisez tout ce que vous trouverez qui vous ramène à cette conscience. Comprenez que vous vivez une illusion qui, par définition, n'est aucunement réelle. Mais l'illusion *désigne* ce qui est réel et peut vous en fournir l'expérience.

Comment voir l'illusion *en tant que telle* alors qu'elle semble si réelle ? Et comment peut-elle paraître aussi vraie si c'est une illusion ?

Commençons par la seconde question.

Si l'illusion donne l'impression d'être si réelle, c'est qu'un grand nombre de gens croient qu'elle n'en est pas *une.*

Votre monde imaginaire est modelé par vos croyances. Il en comporte des milliers, des millions d'exemples. En voici deux.

Jadis, vous croyiez que le Soleil tournait autour de la Terre – en effet, c'est ainsi que vous le voyiez. Tout le *démontrait* ! Cette vérité vous semblait si certaine que vous avez édifié autour d'elle tout un système dans le domaine de l'astronomie.

Jadis, vous croyiez que tous les objets physiques se déplaçaient d'un point à un autre du temps et de l'espace. Tout le *démontrait* ! Cette vérité vous semblait si sûre que vous avez bâti autour d'elle tout un système dans le domaine de la physique.

Écoutez bien, à présent. Ce qui était merveilleux dans ces sciences et ces systèmes, *c'est qu'ils fonctionnaient.*

L'astronomie que vous avez créée en croyant que la Terre était le centre de l'univers *est arrivée* à expliquer les phénomènes visuels que vous voyiez dans le mouvement des planètes d'un ciel nocturne. Vos observations ont soutenu votre croyance, engendrant ce que vous appeliez de la connaissance.

La physique que vous avez élaborée en croyant aux particules de matière *est arrivée* à expliquer les phénomènes visuels que vous voyiez dans le monde physique. Encore une fois, vos observations ont soutenu votre croyance, donnant lieu à ce que vous appeliez de la connaissance.

Ce n'est que plus tard, en observant de plus près, que vous avez vu ces choses différemment. Mais ce changement n'est pas venu aisément. Leurs premiers partisans furent qualifiés d'hérétiques ou, plus tard, de fous et d'aveugles. Ils ont avancé de nouveaux concepts d'astronomie selon lesquels la Terre tournait autour du Soleil, ou d'autres, en physique quantique, qui postulaient que les particules de matière ne se déplaçaient pas en ligne continue dans le temps et l'espace, mais *disparaissaient* à un endroit pour *réapparaître à un autre*, et tous furent tenus pour des blasphèmes spirituels et scientifiques. Leurs partisans furent dénoncés et même mis à mort en raison de leurs croyances.

Vos croyances étaient pourtant vraies, insistait la majorité d'entre vous. Après tout, n'étaient-elles pas toutes fondées sur des observations ? Mais qu'est-ce qui est venu en premier ? La croyance ou l'observation ? Voilà la question essentielle. Voilà l'interrogation à laquelle vous avez résisté.

Serait-ce que vous voyez uniquement ce que vous voulez voir ? Que vous observez seulement ce que vous vous attendez à observer ? Ou peut-être plus pertinemment, que vous *négligez de voir* ce que vous *ne vous attendez pas à trouver* ?

Je vous le dis, la réponse est oui.

Même aujourd'hui, lorsque votre science moderne – lasse des erreurs du passé – jure qu'elle *commence* par observer, pour ensuite tirer des conclusions, on ne peut même pas se fier à ces dernières. Car il vous est impossible de voir quoi que ce soit avec objectivité.

La science a conclu qu'*aucun objet observé ne peut pas*

ne pas être affecté par l'observateur. La spiritualité vous l'a dit il y a des siècles et, maintenant, la science a rattrapé son retard. Vos médecins et vos laboratoires ont appris à mener d'importantes recherches au moyen d'expériences en double aveugle, afin de s'approcher d'une garantie d'exactitude.

Du point de vue humain, tout est envisagé dans le contexte de ce que vous croyez déjà comprendre. Vous n'y pouvez rien. Vous ne connaissez aucune autre façon de faire. Autrement dit, vous cherchez l'illusion de l'intérieur de celle-ci.

Chacune de vos conclusions sur l'illusion est donc *fondée* sur elle. Toute conclusion est donc une illusion.

Qu'il s'agisse d'une nouvelle révélation ou d'un constant rappel :

Toute conclusion est une illusion.

Revenons donc à la première question. Comment reconnaître l'illusion pour ce qu'elle est, puisqu'elle paraît si réelle ?

Vous venez d'apprendre que la raison pour laquelle elle semble si réelle, ce n'est pas qu'elle *est* réelle, mais que vous y *croyez* fermement. Donc, pour modifier votre approche, changez ce que vous croyez.

On vous a répété qu'il fallait « voir pour croire ». Mais récemment, on a proposé une nouvelle idée : *il faut croire pour voir.* Et je vous assure que c'est vrai.

Si, face à l'illusion, vous *croyez* que c'est une illusion, vous la *verrez* comme telle, même si elle paraît très réelle. Vous serez alors capables d'*utiliser l'illusion telle qu'elle est destinée à être :* un moyen de faire l'expérience de l'ultime réalité.

Vous vous rappellerez qu'il faut créer l'illusion. Vous ferez en sorte qu'elle soit ce que vous *souhaitez* qu'elle soit, plutôt que de vous contenter de la voir telle que vous croyez

qu'elle *doit* être, puisque vous acceptez qu' « il en est ainsi ».
Alors, comment faire ?

Vous y arrivez déjà sans le savoir en effectuant des choix inconscients plutôt que conscients. Et même le fait de choisir véritablement est rare. La plupart du temps, vous vous contentez d'accepter les choix des autres.

Vous avez préféré retenir la même chose que les autres. Ainsi, vous revivez le récit culturel de vos ancêtres – comme eux-mêmes l'ont fait, jusqu'à la septième génération.

Lorsque vous cesserez de garder ce qu'on a choisi à votre place, vous irez vers votre libération.

Ainsi, vous n'*échapperez pas* à l'illusion, mais en serez plutôt libérés. Vous sortirez de l'illusion, mais continuerez de vivre avec, délivrés de sa capacité de vous contrôler ou de contrôler votre réalité.

Ayant compris son but, vous ne choisirez pas de mettre fin à l'illusion avant d'avoir atteint le vôtre.

Votre but consiste non seulement à connaître et à faire l'expérience de Qui Vous Êtes Vraiment, mais à *créer* Qui Vous Serez Ensuite. Votre fonction est de vous recréer à neuf à chaque instant présent, dans la prochaine version la plus grandiose de la plus grande vision que vous ayez jamais entretenue de Qui Vous Êtes. *Voilà* le processus que vous avez appelé l'évolution.

Vous n'avez pas à être négativement affectés par ce processus. Vous pouvez vivre en ce monde sans y appartenir.

Lorsque vous aurez réussi cela, vous commencerez à faire l'apprentissage du monde tel que vous l'aurez choisi. Vous comprendrez ensuite que l'expérience même est une *action* plutôt qu'une *réaction* ; quelque chose que vous êtes en train de *faire* et non de *subir*.

Lorsque vous prendrez conscience de cela, toute votre vie changera. Lorsqu'un nombre *suffisant* d'entre vous fera de même, votre *planète* entière se transformera. Ceux qui ont *déjà* saisi ce secret, on les appelle des maîtres. Ceux qui l'ont enseigné, on les nomme des avatars. Ceux qui l'ont vécu, on les qualifie de bénis. Par conséquent, soyez bénis.

Pour vivre la vie d'un maître illuminé, vous devez devenir un hérétique ou un blasphémateur, car vous ne croyez pas la même chose que tous les autres, et d'autres nieront votre nouvelle vérité tout comme vous niez la leur.

Vous refuserez la réalité du monde telle que les autres en font l'expérience, tout comme l'ont fait les premiers hommes à contester que la Terre était plate. Comme à l'époque, cela sera en contradiction flagrante avec ce qui semble irréfutable en apparence. Comme à l'époque, cela engendrera discussions et désaccords, et vous prendrez le large sur des océans houleux pour découvrir des horizons sans fin. Et comme à l'époque, vous habiterez un nouveau monde.

C'est le monde que vous avez voulu créer et que vous étiez destinés à connaître, depuis le début des temps. Comme le temps est aussi une illusion, il serait peut-être plus juste de dire : « depuis le début de l'illusion ».

Rappelez-vous toujours : *l'illusion n'est pas une chose que vous subissez, mais que vous choisissez.*

Vous n'avez pas à vivre l'Illusion si vous ne le voulez pas.

Vous êtes ici parce que vous le voulez. Si vous ne le vouliez pas, il en serait autrement.

Mais sachez que l'illusion dans laquelle vous vivez est en train d'être créée *par* vous, et non *pour vous* par quelqu'un d'autre.

Les humains qui rejettent la responsabilité de la vie dont ils font l'expérience affirment que c'est Dieu qui l'a créée et

qu'ils n'ont d'autre choix que de l'endurer.
Mais je vous dis que le monde que vous vivez est comme
il est parce que vous l'avez voulu ainsi. Lorsque vous ne
voudrez plus qu'il soit comme il est, vous le changerez.
Voilà une vérité que peu d'humains peuvent accepter.
Car pour cela, ils devraient reconnaître leur complicité, et
c'est là une chose à laquelle ils ne peuvent se résoudre. Ils
préféreraient s'attribuer le rôle de la victime malgré elle plutôt
que celui du cocréateur involontaire.

C'est, bien sûr, compréhensible. Vous ne pourriez vous
pardonner de croire que votre monde est votre création, le
résultat de vos désirs et de vos volontés. Et pourquoi ne
pourriez-vous pas vous le pardonner ? *Simplement parce que
vous ne croyez pas que je vous pardonnerais.*

On vous a laissés croire que certaines choses étaient
« impardonnables ». Comment pouvez-vous vous pardonner
quelque chose que, selon vous, Dieu ne vous pardonnera pas ?
Vous ne le pouvez pas. Alors, vous faites ce qu'à défaut il y
a de mieux : *Vous vous évitez d'avoir un rôle à jouer.* Vous
niez la responsabilité de ce que, selon vous, j'appellerais les
inexcusables péchés de l'homme.

Cette logique est tordue, car si vous n'avez pas créé le
monde tel qu'il est, qui donc en est l'auteur ? Si quelqu'un
assure que Dieu a créé tous les horribles défauts du monde,
vous vous précipitez à ma défense. « Non, non, non, vous
objectez-vous, Dieu a seulement donné le libre arbitre à
l'homme. C'est l'homme qui est à l'origine de tout cela. »

Mais si je dis : « Vous avez *raison. Je n'ai pas* créé et *ne
crée pas* votre vie telle qu'elle est. *Vous* êtes le créateur de
votre réalité », vous niez cela aussi.

Vous jouez donc sur les deux tableaux. Dieu n'a pas créé
cela, ni vous non plus. Nous nous contentons, tous les deux,
de les observer avec regret.

Mais lorsque vous devenez vraiment furieux ou frustrés
à l'égard de la vie, certains d'entre vous changent d'air. Lors-

que les choses vont vraiment mal, vous voilà prêts à me blâmer, après tout.

« Comment peux-tu permettre que cela arrive ? » me criez-vous. Certains d'entre vous brandissent même le poing vers les cieux.

L'illusion est devenue confusion. Non seulement le monde est-il un lieu cruel, mais il a été *créé* ainsi par un Dieu cruel et sans-cœur.

Pour appuyer cette pensée, vous devez vous considérer comme séparés de Dieu, puisque vous ne pourriez construire un monde cruel et sans-cœur. Vous devez imaginer un Dieu qui fasse ce que vous ne feriez jamais et vous estimer soumis à ses caprices.

C'est ce que vous avez fait – religieusement.

Toutefois, même en cela, vous percevez une contradiction, car le Dieu de votre interprétation la plus élevée, aussi, ne ferait pas ces choses. Qui donc les a *faites* ? Qui les *fait* en ce moment même ? Il doit y avoir un *responsable* – alors, qui est-ce ?

Voici donc Satan.

Pour résoudre la contradiction entre un Dieu d'amour et des choses peu affectueuses, et pour échapper à votre propre contradiction, vous avez créé une tierce partie.

Le bouc émissaire parfait.

Le Diable.

Enfin, tout se comprend. Quelqu'un d'autre s'interpose entre votre volonté et la mienne, et nous rend tous les deux malheureux.

Vous n'êtes pas responsables du monde indifférent et sans amour dans lequel vous vivez. Vous ne l'avez pas créé.

« Bon, direz-vous, je l'ai peut-être créé dans une certaine mesure, mais c'est le Diable qui m'a tenté. »

Un gag d'humoriste est devenu votre théologie.

Ou est-ce votre théologie qui est devenue un gag d'humoriste ?

À vous de trancher.

Treize

La compréhension des Illusions

Il y a une façon de mettre fin à la confusion et de voir l'Illusion pour ce qu'elle est : c'est d'*utiliser* celle-ci.

Vous saurez qu'elle n'est pas réelle lorsque vous verrez que vous pouvez aisément la manipuler.

Vous prétendrez peut-être ne pas pouvoir, alléguant que c'est une lourde tâche qui dépasse vos capacités. Mais les humains créent consciemment des illusions, tous les jours, et vivent en elles.

Connaissez-vous quelqu'un qui règle son réveil ou sa montre avec quinze minutes d'avance pour ne jamais être en retard ? Non ? Pourtant, il y a des gens qui le font sur votre planète ! Ils règlent bel et bien leur réveil ou leur montre avec cinq, dix ou quinze minutes d'avance sur l'heure véritable. Puis, lorsqu'ils regardent l'heure, ils se hâtent, comme s'il était plus tard qu'en réalité.

Certains oublient véritablement qu'ils se jouent ce petit tour et s'imaginent vraiment qu'il est l'heure qu'il n'est pas. *Alors, l'illusion ne leur sert plus. Elle ne sert pas au but projeté.*

La personne qui sait que l'heure à sa montre est une illusion qu'*elle s'est elle-même créée* se détend, car elle sait que sa montre indique quelques minutes d'avance. Elle adopte un rythme de croisière et devient très efficace, précisément parce qu'elle *est* détendue. Elle comprend que l'illusion n'est pas la réalité.

La personne qui a temporairement oublié que l'heure à sa montre est une illusion qu'*elle s'est créée* est remplie d'anxiété parce qu'*elle prend l'illusion pour la réalité.*

Ainsi, deux personnes ont deux réactions tout à fait différentes devant la même situation. L'une vit l'illusion en tant que telle, et l'autre, comme une réalité.

Ce n'est que lorsqu'une illusion est reconnue et *vécue* comme une illusion qu'elle peut engendrer une expérience de l'ultime réalité. Elle sert alors le but de son créateur. Vous comprenez beaucoup mieux, à présent.

Pour utiliser l'illusion, il faut savoir que c'*est* une illusion, et pour savoir que c'en est *vraiment* une, il faut l'utiliser. Ce processus est circulaire, tout comme la Vie.

Il faut d'abord nier l'idée que l'illusion ait un lien avec la réalité. Pendant très longtemps, vous avez nié l'ultime réalité. Vous avez refusé d'accepter Qui Je Suis, et Qui Vous Êtes Vraiment. *À présent, retournez tout simplement votre déni.*

C'est ce qu'on peut appeler de l'inversion de déni.

Regardez autour de vous et faites une simple déclaration : *Rien dans mon monde n'est réel.*

C'est aussi simple que cela.

Je vous l'ai déjà dit, à maintes reprises et de diverses façons. Je vous le répète.

Rien de ce que vous voyez n'est réel.

C'est votre montre qui est réglée avec dix minutes d'avance.

En fait, vous êtes réglés comme une montre et vous vous faites accroire que les choses sont comme elles ne sont pas.

Mais prenez garde, car il est très facile d'oublier que *vous vivez dans une illusion que vous vous êtes créée.*

Certains d'entre vous se désoleront peut-être de lire que votre expérience à tous sur cette planète n'est qu'un faux-semblant. Mais ne vous découragez pas, car le monde est votre cadeau le plus grand, une merveille pour votre regard, un trésor pour votre jouissance.

En fait, la vie dans le domaine physique est remplie de gloire et destinée à vous apporter le bonheur par la conscience, la déclaration, l'expression et la plénitude de Qui Vous Êtes Vraiment. Par conséquent, entrez dans ce magnifique monde de votre création et faites de votre vie une extraordinaire affirmation et une expérience stupéfiante de l'idée la plus glorieuse que vous vous soyez jamais faite de vous-mêmes.

Rappelez-vous que tout acte est un acte d'autodéfinition. Toute pensée porte l'énergie de la création. Toute parole est une déclaration de votre vérité.

Regardez, pour voir, ce que vous êtes en train de faire aujourd'hui. Est-ce ainsi que vous choisissez de vous définir ?

Regardez, pour voir, ce que vous êtes en train de penser. Est-ce ainsi que vous voulez créer ?

Regardez, pour voir, ce que vous êtes en train de dire. Est-ce bien ce que vous souhaitez ?

Chaque instant de votre vie est sacré ; c'est un moment de création. Chaque instant est un nouveau départ. À travers lui, vous renaissez.

Voilà, pour vous, la voie de la maîtrise. Elle vous sortira du cauchemar que vous vous êtes fabriqué et vous fera entrer dans ce merveilleux rêve que votre vie était destinée à être. Cette voie vous mènera à votre rencontre avec le Créateur.

Quatorze

La méditation sur les Illusions

Vous avez lu ici que lorsque les humains atteignent à la maîtrise, rien ne peut les rendre malheureux. Vous avez également lu qu'un grand secret permettait aux maîtres d'atteindre cet espace.

Je vous ai déjà révélé ce secret, sans toutefois l'appeler « le secret ». Vous n'avez peut-être pas compris que cette révélation était la clé de tout.

La voici à nouveau. Voici le secret.

La Désunion n'existe pas.

Cette révélation peut changer toute votre expérience de la vie. Elle se traduit en une simple affirmation qui, si vous la viviez dans votre réalité quotidienne, pourrait mettre votre monde sens dessus dessous :

Nous sommes tous Un.

En fait, cela mettrait votre monde dans le bon sens ! Car lorsque vous réalisez qu'il n'y a qu'une chose – une seule et unique réalité, un Être seul et unique –, vous comprenez alors que sur un certain plan, cet Être unique *arrive toujours à ses fins* – inévitablement.

Autrement dit, *l'Échec n'existe pas.*

Et lorsque vous atteignez ce niveau de clarté, vous voyez clairement, aussi, que s'il n'y a pas d'échec, cet Être unique ne manque de rien.

Par conséquent, *le Besoin n'existe pas.*

Soudainement, avec l'illumination, les dominos tombent. L'édifice de vos illusions s'effondre. Ce ne sont pas les illusions mêmes qui s'écroulent, mais les constructions qu'elles soutiennent. C'est-à-dire les récits culturels sur lesquels vous avez édifié votre vie.

Ces récits n'étaient que des mythes – de la façon dont, selon vous, il faut mener votre vie ici et maintenant, à celle dont vous imaginez que tout cela a commencé – et n'ont rien à voir avec l'ultime réalité.

Pour avancer, à présent, dans votre évolution en tant qu'espèce, vous devez vous détacher de ces récits. Et le détachement peut s'accomplir de bien des manières. La plus efficace est le silence.

À l'intérieur de celui-ci, vous trouverez votre être véritable. C'est là que vous entendrez le souffle de votre âme – et de Dieu.

Je vous l'ai dit bien des fois, et vous le redis ici : *vous me trouverez dans le silence.*

Méditez chaque jour. Matin et soir, accordez quinze minutes à Dieu.

Si vous ne pouvez pas, si le temps vous manque, si votre horaire est trop chargé, si vous avez trop à faire, c'est que vous êtes pris au piège de la maya, de l'illusion, plus profondément que vous ne le croyez.

Mais il n'est pas trop tard – il n'est jamais trop tard – pour sortir de l'illusion, la voir pour ce qu'elle est et l'utiliser pour vous permettre de faire l'expérience de l'ultime réalité de Qui Vous Êtes Vraiment.

Consacrez d'abord une minuscule proportion de votre temps de veille, chaque jour – c'est tout ce qu'il faut – pour communier une fois de plus avec moi.

Je vous appelle à une communion avec Dieu. Je vous invite à faire l'expérience de votre rencontre avec le Créateur.

À cet instant de communion, vous saurez que l'unité est la vérité de votre être. Et lorsque vous sortirez de votre méditation, vous comprendrez, et verrez à partir de votre expérience, que seul le déni de cette vérité perpétue les effets négatifs de l'illusion.

L'illusion était destinée à être votre joie. À être votre outil. Elle n'a jamais été destinée à être votre fardeau et votre chagrin, votre épreuve et votre tribulation. Et elle cessera de l'être lorsque vous saisirez l'ultime réalité : *Il n'y a pas de séparation.*

Rien n'est séparé *de* quoi que ce soit, *par rapport à* quoi que ce soit. Il n'y a que l'unité. Que l'Union.

Vous n'êtes séparés ni les uns des autres ni d'aucune partie de la Vie. Ni de moi.

Parce que la désunion n'existe pas, l'insuffisance ne *peut pas* être. Car l'Être unique se *suffit* à lui-même.

Parce que l'insuffisance n'existe pas, il ne peut y avoir d'exigences. Car lorsque vous n'avez besoin de rien, vous n'avez pas à agir pour acquérir quoi que ce soit.

Parce que vous n'avez rien à faire, on ne vous jugera pas selon que vous ayez fait ou non quelque chose.

Parce que vous ne serez pas jugés, vous ne serez pas condamnés.

Parce que vous ne serez jamais condamnés, vous saurez enfin que l'amour est inconditionnel.

Parce que l'amour est inconditionnel, rien ni personne n'est supérieur au royaume de Dieu. Il n'y a ni rang ni hiérarchie, et personne n'est aimé plus que les autres. L'amour est une expérience totale et complète. Il n'est pas possible d'aimer un peu ou beaucoup. L'amour n'est pas quantifiable. On peut aimer de diverses façons, mais pas à différents degrés.

Rappelez-vous toujours cela.

L'amour n'est pas quantifiable.

Il est là, ou il n'y est pas, et, dans le royaume de Dieu, l'amour est toujours là. Car Dieu n'est pas *celui qui prodigue* l'amour ; il *est* amour.

Alors, j'ai dit que vous et moi ne faisions qu'un, et qu'il

en est ainsi. Vous êtes faits à mon image et à ma ressemblance. Par conséquent, vous aussi êtes amour. En un mot, voilà Qui Vous Êtes Vraiment. Vous n'êtes pas celui qui reçoit l'amour, vous êtes ce que vous chercheriez à recevoir. Voilà un grand secret, et sa connaissance transforme la vie des gens.

Les gens passent leur vie à chercher ce qu'ils ont déjà. Ils l'ont, car ils *le sont.*

Tout ce que vous avez à faire pour avoir de l'amour, c'est d'être amour.

Vous êtes mes bien-aimés. Chacun. Vous tous. Aucun d'entre vous n'est plus aimable qu'un autre, car aucun n'est *davantage moi* qu'un autre – bien que certains se souviennent davantage de moi et, par conséquent, davantage d'eux-mêmes.

Alors, ne vous oubliez pas.

Bien-aimés, soyez amour.

Faites cela en souvenir de Moi.

Car vous êtes tous une partie de moi, un membre du corps de Dieu. Et lorsque vous vous rappelez Qui Vous Êtes Vraiment, vous le faites littéralement. C'est-à-dire que vous vous *r-appelez* – vous redevenez membre du corps unique.

Il y a un seul Corps.

Un seul Être.

Rappelez-vous toujours cela.

Car il n'y a pas de supériorité. Personne n'en sait plus que les autres, ni moins. Seulement, certains se rappellent davantage, et d'autres moins, ce qu'ils ont toujours su.

L'Ignorance n'existe pas.

Alors, je vous redis la vérité : l'amour est inconditionnel. La vie est éternelle. Dieu n'a besoin de rien. Et vous êtes un miracle. Le miracle de Dieu fait humain.

Voilà ce que vous aviez voulu savoir tout ce temps. C'est

ce que vous avez toujours su dans votre cœur, mais que votre esprit a nié. C'est ce que votre âme a murmuré à maintes reprises, pour ensuite se faire bâillonner par votre corps et les corps qui vous entourent.

Les religions mêmes qui sont censées vous inviter à me connaître vous ont demandé de me nier. Car elles vous ont dit que vous n'êtes *pas* moi, que je ne suis *pas* vous, et ont déclaré péché le seul fait de penser ainsi.

Nous ne faisons *pas* qu'un, affirment-elles : nous sommes plutôt le Créateur et la créature. Mais ce refus de vous accepter et de vous connaître dans l'unité avec moi a provoqué toute la douleur et tout le chagrin de votre vie.

Je vous invite maintenant à rencontrer le Créateur.

Vous allez trouver le Créateur en vous.

Quinze

L'usage des Illusions

Pour vous préparer à rencontrer le Créateur, il vous sera utile de vous détacher de vos Illusions – y compris celle d'une séparation entre vous et le Créateur.

C'est ce que vous êtes venus faire. C'était le but de toute cette conversation avec Dieu. Car à présent, vous cherchez à vivre *avec* les Illusions, et non *en* elles. Et c'est cette recherche honnête qui vous a amenés ici, à cette communication.

Depuis quelque temps, il était clair pour vous qu'il y avait une faille dans ces Illusions. Cela aurait dû révéler leur fausseté à toutes, mais les humains savaient très profondément qu'ils ne pouvaient *abandonner* ces illusions, sous peine de voir alors la fin de quelque chose d'essentiel.

Et ils avaient raison. Mais ils commirent une erreur. Au lieu de voir les Illusions *en tant* qu'illusions et de les utiliser aux fins auxquelles elles étaient destinées, ils crurent devoir en *corriger la faille*.

Au lieu de réparer la faille, il s'agissait tout simplement de la voir, et ainsi, de vous rappeler ce que vous saviez sur un plan très profond. C'est pourquoi vous ne pouviez abandonner les illusions sans voir la fin de quelque chose d'essentiel.

Cela vous a déjà été expliqué dans notre conversation. Je vous l'expliquerai à nouveau, ici, une dernière fois, pour que vous vous en souveniez très clairement.

Les Illusions existent pour vous fournir un champ contextuel localisé dans lequel vous recréer à neuf dans la prochaine version la plus grandiose de la vision la plus grande que vous ayez jamais entretenue à propos de Qui Vous Êtes.

L'univers même est un champ contextuel. C'est à la fois

sa définition et son *but*. Il fournit à la vie une manière d'être exprimée et vécue physiquement.

Vous êtes une version localisée du même champ contextuel, tout comme chaque personne et chaque chose qui vous entoure. Autrement dit, vous êtes *Dieu localisé*. Hors de ce contexte localisé, vous êtes uniquement Tout ce qui est. Et comme il n'y a rien d'autre, Tout ce qui est ne peut se connaître tel quel.

Faute de ce que vous n'êtes pas, Ce que vous *êtes* n'est pas. On ne peut en faire l'expérience. On ne peut le connaître. Cela, on vous l'a enseigné bien des fois.

On vous a dit que sans la rapidité, la lenteur n'existe pas. Sans le haut, il n'y a pas de bas. Sans « ici », pas de « là ».

Sans les Illusions, vous n'êtes donc – littéralement – *ni ici ni là*.

Par conséquent, vous avez collectivement produit ces magnifiques illusions. Un monde – en effet, un univers – de votre création. Cela vous a fourni un champ contextuel dans lequel décider et déclarer, créer et exprimer, connaître et réaliser Qui Vous Êtes Vraiment.

Vous l'avez tous fait. Chacun de vous est l'individuation du Tout divin. Chacun de vous cherche à se connaître, à se définir.

Qui êtes-vous ? Êtes-vous bon ? Êtes-vous mauvais ? Qu'est-ce que c'*est* qu'être « bon » ? Qu'est-ce que c'*est* qu'être « mauvais » ? Êtes-vous gros ? Êtes-vous petit ? Qu'est-ce que c'est qu'être « gros » ? Qu'est-ce que c'est qu'être « petit » ? Êtes-vous l'une ou l'autre de ces choses ? Qu'est-ce que c'est que d'être ces choses ? Êtes-vous vraiment merveilleux ?

Voilà la seule question que Dieu se soit jamais posée. Qui suis-je ? Qui suis-je ? Qui suis-je ?

Et qui est-ce que je choisis d'être ?

C'est la seule question qui importe, et c'est pour déterminer cela que votre âme utilise chaque instant de votre vie.

Non pas pour trouver, mais pour *décider*. Car la vie n'est pas un processus de découverte, *mais un processus de création*.

Tout acte est un acte d'autodéfinition.

À chaque instant, Dieu est en processus de création et d'expérience de soi. *C'est ce que vous êtes en train de faire ici.* Et vous utilisez l'expérience de ce que vous n'êtes pas pour faire l'expérience de Ce Que Vous Êtes Vraiment.

Il n'y a vraiment rien que vous ne soyez. Vous êtes tout cela, vous êtes chaque chose. Dieu est Tout Cela. Dieu est chaque chose. Mais pour que vous (Dieu) connaissiez la partie de Cela que vous êtes, vous devez vous imaginer qu'il y a des parties que vous n'êtes pas. Voilà la Grande Fiction. Voilà les Illusions de la Vie.

Par conséquent, servez-vous des Illusions et soyez-en reconnaissants. Votre vie est un tour de magie et vous en êtes le magicien.

Exprimer devant une Illusion la gloire de Qui Vous Êtes constitue la voie de la maîtrise. Dans ce contexte, il est important de reconnaître que les Illusions peuvent paraître fort réelles.

Comprendre que les Illusions sont ce qu'elles sont, c'est la première étape de leur utilisation véritable, mais ce n'est pas la seule. Il s'agit ensuite de déterminer leur signification.

Finalement, choisissez l'aspect de la divinité (la part de votre être) dont vous souhaitez faire l'expérience dans le champ contextuel localisé (ce que vous appelez une « situation » ou des « circonstances ») que vous avez rencontré (créé).

Voici ce processus, en résumé :

A. Voir l'Illusion *en tant* qu'illusion.
B. Déterminer leur signification.
C. Vous recréer à neuf.

Il y a bien des façons d'employer les Dix Illusions et d'en faire l'expérience. Vous pouvez choisir de les vivre en tant que réalités présentes ou souvenirs du passé. Cette deuxième option est celle que préfèrent les cultures et les êtres avancés.

Les êtres hautement évolués demeurent conscients des Illusions et n'y mettent jamais fin (rappelez-vous, ce serait mettre fin à la vie même, vous le savez). Toutefois, ils les vivent comme si elles faisaient partie de leur passé et non de leur présent. Ils s'encouragent mutuellement à se les rappeler sans cesse, mais jamais à les vivre comme si c'étaient des réalités présentes.

Cependant, que vous en fassiez l'expérience au présent ou en tant que rappels du passé, l'important est de les voir pour ce qu'elles sont – des illusions. Ainsi, vous pourrez y recourir à votre gré.

Si votre désir est de faire l'expérience d'un aspect particulier de votre être, les Illusions sont vos outils. Vous pouvez user de chaque Illusion pour faire l'expérience de nombreux aspects de Qui Vous Êtes et les combiner pour faire l'expérience d'aspects multiples – ou d'un seul aspect, de multiples manières.

Par exemple, vous pouvez combiner les Première et Quatrième Illusions – le Besoin et le Manque – pour connaître une nuance particulière de votre être véritable qu'on appellerait assurance.

Vous ne pouvez vous sentir assuré s'il n'y a rien pour mesurer votre assurance. En utilisant l'Illusion du Besoin et du Manque, vous pouvez commencer par entretenir l'idée qu'il n'y en a « pas assez », puis la dépasser. En faisant cela à répétition, vous produisez l'expérience de l'assurance, confiant qu'il restera toujours ce dont vous avez besoin. Cette expérience sera vérifiée et validée par l'ultime réalité.

Voilà ce qu'on entend par « entretenir une idée ». Vous êtes dans un processus de recréation de vous-même à zéro – et c'est une *vraie récréation* !

Pour retenir un autre exemple parmi un nombre infini, vous pouvez combiner les Deuxième et Sixième Illusions – l'Échec et le Jugement – pour obtenir un effet d'expérience particulier. Vous pouvez imaginer avoir échoué et vous juger pour l'avoir fait, ou accepter le jugement des autres. Puis, vous pouvez vous élever au-dessus de votre « échec » en brandissant le poing vers le ciel, sous-entendant ainsi : « Je vais vous montrer », et triompher à la fin !

Voilà une expérience délicieuse, et la plupart d'entre vous se la sont donnée bien des fois. Mais si vous perdez de vue le fait que l'Échec et le Jugement sont des Illusions, vous pourriez vous retrouver pris au piège de ces expériences, et elles vous apparaîtraient bientôt sous la forme de dures réalités.

S'éloigner des « dures réalités » de la vie, c'est s'écarter des Illusions et les voir pour ce qu'elles sont vraiment.

Toute Illusion peut se combiner à une autre – la Désunion avec le Besoin, la Condamnation avec la Supériorité, l'Ignorance avec la Supériorité, le Manque et la Condamnation avec l'Échec, et ainsi de suite. Seules ou combinées avec d'autres, les Illusions forment de magnifiques *champs contextuels contrastants* qui vous permettent de faire l'expérience de Qui Vous Êtes Vraiment.

Je vous ai souvent rappelé que, dans le monde relatif, vous ne pouviez faire l'expérience de Qui Vous Êtes que dans l'espace de ce que vous n'êtes pas. Les Illusions ont précisément pour but de vous fournir un espace, un contexte, dans lequel vous pouvez faire l'expérience de chaque aspect de vous-même et une occasion de choisir l'aspect le plus élevé que vous puissiez alors concevoir, à un moment donné.

Comprenez-vous, maintenant ? Voyez-vous ?

Bien. Examinons les Illusions une à une, en illustrant par des exemples les façons de les utiliser pour se recréer à neuf de la manière décrite ici.

La Première Illusion, l'Illusion du Besoin, peut servir à faire l'expérience de l'immense aspect de Qui Vous Êtes que l'on pourrait conceptualiser ainsi : *ce qui n'a besoin de rien.*

Vous n'avez besoin de rien pour exister, ni pour continuer d'exister à jamais. L'Illusion du Besoin crée un champ contextuel dans lequel vous pouvez en faire l'expérience. C'est lorsque vous sortez de l'Illusion que vous faites l'expérience de l'Ultime Réalité. L'Illusion crée un contexte au sein duquel on peut comprendre l'Ultime Réalité.

L'Ultime Réalité, c'est que vous avez déjà tout ce dont vous pensez avoir besoin. Elle est en vous. En fait, c'*est* vous. Vous *êtes* ce dont vous avez besoin – vous vous donnez donc tout ce dont vous avez besoin, à n'importe quel moment. En fait, cela veut dire que vous n'avez besoin de rien. Pour comprendre cela, et pour le connaître d'une façon expérientielle, vous devez considérer l'Illusion du Besoin comme une illusion. Vous devez en sortir.

Pour sortir de l'Illusion du Besoin, vous devez examiner ce dont vous pensez avoir besoin maintenant – c'est-à-dire ce que vous croyez ne pas avoir mais devoir posséder – puis remarquer que, même si vous en êtes dépourvu, *vous êtes encore là.*

Les implications en sont énormes. Si vous êtes là, maintenant, sans ce dont vous croyez avoir besoin, *pourquoi alors croyez-vous en avoir besoin* ?

Voilà la question clé. Elle déverrouillera la grande porte, la porte de tout.

La prochaine fois que vous imaginerez avoir besoin de quelque chose, demandez-vous : « Pourquoi est-ce que je crois en avoir besoin ? »

C'est là une question fort libératrice. C'est la liberté en neuf mots.

Si vous voyez clairement, vous prendrez conscience de n'en avoir *pas* besoin, de n'en avoir jamais eu besoin, et d'avoir *inventé toute cette histoire.*

Même l'air que vous respirez, vous n'en avez pas besoin. Vous le remarquerez à l'instant de votre mort. Seul votre corps en a besoin, et vous n'êtes pas votre corps.

Votre corps est une chose que vous avez, et non que vous êtes. C'est un outil merveilleux. Mais vous n'en avez pas besoin pour poursuivre le processus de création.

Cette information est peut-être agréable sur le plan éso-térique, mais n'allégera peut-être en rien votre peur de perdre votre corps, votre famille et votre situation actuelle. Le déta-chement est une manière d'atténuer ces peurs – c'est la pratique des maîtres. Ces derniers ont appris à atteindre le détachement avant d'avoir la preuve que la vie du corps est une Illusion. Quant à ceux qui ne se trouvent pas sur le plan de la maîtrise, ils ont souvent besoin de l'expérience que vous appelez la mort pour obtenir cette preuve.

Lorsque vous vous serez dégagé de votre corps (c'est-à-dire une fois « mort »), vous réaliserez immédia-tement que cet état d'être n'est pas l'expérience redoutée dont vous avez entendu parler, mais une expérience merveil-leusement glorieuse. Vous verrez aussi qu'il est infiniment préférable d'être lié à votre forme physique, *peu importent* les

formes d'attachement créées par votre forme la plus récente.
Le détachement sera alors un jeu d'enfant.

Mais vous pourrez maîtriser la vie *dans* votre forme
physique, sans attendre d'en être dégagé, pour connaître la
gloire de la vie et de Qui Vous Êtes. Vous pouvez le faire en
atteignant le détachement *avant* votre mort. Pour ce faire, il
vous suffira de vous libérer de l'Illusion du Besoin.

Vous parviendrez à cela en développant une compréhension plus profonde de la vie et de la mort, par exemple du
fait que la mort, telle que vous l'avez conçue, n'existe pas, et
que la vie est sans fin. Lorsque vous comprendrez cela, il
vous deviendra possible de vous distancier de tout dans la vie,
y compris de la vie elle-même, car vous saurez, puisque la vie
est sans fin, *que vous aurez peut-être ces formes d'attachement, de même que d'autres que vous avez peut-être cru
ne plus jamais connaître.*

En fait, vous pourrez revivre toutes vos formes d'attachement terrestres dans ce que vous appelez « l'après- vie »,
ou dans toute vie future, et ainsi vous saurez par l'expérience
que vous n'avez rien perdu. Vous vous libérerez graduellement de votre attachement à mesure que vous prendrez
conscience des occasions extraordinaires d'expansion et de
croissance continuelles que vous offre cette vie sans fin.

Mais vous ne cesserez jamais d'aimer vos proches au
cours de cette vie ou d'une autre et, à tout moment, vous
pourrez vivre en Union complète avec eux sur le plan de
l'Essence.

Si quelqu'un vous manque, qui est encore vivant sur terre
dans un corps physique, vous pourrez le rejoindre à la vitesse
de votre pensée.

Si quelqu'un vous manque, qui a déjà quitté son corps,
un proche décédé avant vous, par exemple, vous serez réunis
après votre propre mort, si tel est votre choix, ou à tout

moment – là aussi, à la vitesse de la pensée.

Ce n'est qu'une partie des merveilles qui vous attendent. Je vous en dirai davantage – bien davantage – dans une communication future portant sur l'expérience de la mort avec Dieu.

Vous ne pouvez mourir sans Dieu, mais vous pouvez vous l'imaginer. C'est votre enfer imaginaire, dont la peur a soutenu toutes vos autres peurs. Mais vous n'avez rien à craindre et n'avez besoin de rien, car il vous est impossible non seulement de mourir sans Dieu, mais aussi de vivre sans lui.

Car je suis vous, vous êtes moi, et il n'y a aucune séparation entre nous. Vous ne pouvez mourir sans moi, car « sans moi » n'est pas un état dans lequel vous pouvez vous trouver, ni maintenant ni jamais.

Je suis Dieu et Tout ce qui est. Puisque vous faites partie de Tout ce qui est, *je suis ce que vous êtes*. Il n'y a aucune partie de vous que je ne sois pas.

Et si Tout ce qui est se trouve toujours avec vous, vous n'avez besoin de rien – et c'est la vérité de votre être. Lorsque vous comprendrez profondément cela, vous habiterez tout autrement votre corps. Vous serez débarrassé de la peur – et c'est heureux en soi, car sans elle, il n'y a plus d'objets de peur.

À l'inverse, la peur attire vers vous ce que vous craignez. Elle est une émotion forte, et l'émotion forte – de l'énergie en mouvement – est créative. Voilà pourquoi j'ai inspiré cette parole : « Vous n'avez rien à craindre, sinon la peur. »

Pour vivre sans crainte, il faut savoir que tout résultat, dans la vie, est parfait – même celui que vous craignez le plus : la mort.

Je vous le dis ici. Je vous dévoile cette information maintenant. Si vous examinez soigneusement votre vie, vous verrez que vous avez toujours eu tout ce dont vous aviez besoin afin d'arriver à l'instant suivant et, en définitive, de vous amener ici, où vous êtes, maintenant. La preuve, c'est que vous *êtes* ici. Il est clair que vous n'avez eu besoin de rien d'autre. Vous avez peut-être désiré autre chose, mais vous n'avez eu *besoin* de rien d'autre. *Tous vos besoins ont été satisfaits.*

C'est une étonnante révélation, et elle est toujours vraie. Toute apparence du contraire est une Fausse Preuve Apparemment Réelle[1]. Cependant, « n'ayez crainte, car je suis avec vous ».

Lorsque vous savez que tout s'avère parfait et qu'il n'y a rien à craindre, les conditions que vous auriez jadis qualifiées d'épouvantables apparaissent sous un éclairage tout à fait différent. En effet, elles sont dorénavant *dans* la lumière, plutôt que dans l'obscurité, et peu à peu vous appelez vos peurs une aventure.

Cette remise en contexte peut changer votre vie. Vous pouvez vivre sans peur et faire l'expérience de la gloire pour laquelle vous avez été créés. Le fait de voir l'Illusion du Besoin comme une illusion vous permet de l'utiliser dans son but originel – comme un outil au moyen duquel faire l'expérience de cette gloire – et de vous connaître en tant que Qui Vous Êtes Vraiment.

Par exemple, maintenir l'illusion d'avoir besoin de votre corps vous incite à le préserver, à en prendre soin, à le protéger des abus. Ainsi, le corps peut servir à la plus grande gloire à laquelle il était destiné.

Gardez l'illlusion d'avoir besoin d'une relation vous

---

1. *False Evidence Appearing Real* = *F.E.A.R.* = peur. (NDT)

incite à la préserver, à en prendre soin, à la protéger des abus. Ainsi, la relation peut servir à la plus grande gloire à laquelle elle était destinée.

Même chose pour tout ce dont vous croyez avoir besoin. *Utilisez* la fiction. Ayez recours à elle très concrètement. Mais sachez qu'elle ne vous sert que lorsque vous voyez que c'est une Illusion. Dès que vous croyez que l'Illusion est vraie, vous transformez la prudence (qui est un usage fort approprié d'une Illusion) en peur et commencez à vous accrocher. L'amour devient possession, et celle-ci devient obsession. Vous êtes tombé dans le piège de l'attachement. Vous vous êtes perdu dans l'Illusion.

Et lorsque vous êtes perdu dans l'Illusion du Besoin, vous l'êtes vraiment. Car l'Illusion du Besoin est la plus grande de toutes. C'est la Première Illusion, et la plus forte. C'est l'Illusion sur laquelle sont fondées toutes les autres. Qui Vous Êtes, c'est ce qui n'a *aucun* besoin, et c'est *Qui Vous Êtes* qui se *perd*.

On dit souvent d'une personne qu' « elle se cherche ». Et c'est *très vrai*. Ce que vous essayez tous de trouver, c'est votre être. Mais vous ne le trouverez pas à l'extérieur de vous. Ce que vous cherchez ne peut être qu'en vous.

Rappelez-vous mes paroles : Si vous n'allez pas vers l'intérieur, vous allez en manque vers l'extérieur.

Ce n'est qu'en vous que réside la réponse à votre question : « Pourquoi est-ce que je crois avoir besoin de cette personne, de cet endroit ou de cette chose qui se trouve à l'extérieur ? » Ce n'est qu'en vous que vous pouvez vous rappeler que vous n'en avez pas besoin. Vous saurez alors ce que veut dire la phrase suivante : « *J'étais perdu, mais je me suis retrouvé.* »

Ce que vous aurez retrouvé, c'est votre identité véritable. Vous aurez utilisé la Première Illusion pour vous connaître en tant qu'être divin dépourvu de besoin, puisque chaque besoin est toujours satisfait. En vous éveillant à cette vérité, vous en ferez de plus en plus l'expérience dans votre réalité quotidienne. Et vous deviendrez littéralement ce que vous connaissez de votre nature véritable.

Rappelez-vous toujours cela.

Vous devenez ce que vous connaissez de votre nature véritable.

La Deuxième Illusion, l'Illusion de l'Échec, peut vous servir à faire l'expérience de votre incapacité d'échouer à quoi que ce soit.

Aucune de vos actions ne peut échouer : elle fait tout simplement partie du processus que vous avez entrepris pour atteindre ce que vous cherchez à atteindre et pour vivre ce que vous cherchez à vivre.

Ce que vous cherchez à vivre, c'est Ce Que Vous Êtes. Sans ce que vous n'êtes pas, vous ne pouvez faire l'expérience de Ce Que Vous Êtes. Sachez donc que, lorsque vous faites l'expérience de ce que vous n'êtes pas, ce n'est pas un *échec* mais une *façon* de faire l'expérience de Ce Que Vous Êtes.

Ce qui vient d'être énoncé a beaucoup d'importance, mais il est facile, en glissant sur ce genre d'affirmations, de laisser passer leur immense signification. Je vais donc répéter celle-ci :

Lorsque vous faites l'expérience de ce que vous n'êtes pas, ce n'est pas un *échec* mais une *façon* de faire l'expérience de Ce Que Vous Êtes.

Ainsi, lorsque, dans votre vie, survient ce que vous appelez « l'échec », ne le condamnez pas et ne le rejetez pas. Car ce à quoi vous résistez persiste, et ce que vous regardez disparaît. Autrement dit, cela quitte sa forme illusoire. Vous le voyez dans sa réalité véritable, tout comme vous vous percevez en tant que Qui Vous Êtes Vraiment.

En utilisant l'Illusion de l'Échec pour voir ce que vous avez appris (ce que vous vous êtes rappelé) sur la vie et pour vous inciter à appliquer la sagesse acquise, elle devient un outil avec lequel vous remarquez que vous réussissez toujours.

Autrement dit, pour sortir de l'Illusion de l'Échec, vous n'avez qu'à tout considérer comme une partie de votre réussite. Tout mène à votre réussite, l'engendre et fait partie du processus par lequel vous en faites l'expérience.

Bien des gens le comprennent intuitivement. Les scientifiques, entre autres. Lorsqu'ils entreprennent une expérience importante, non seulement anticipent-ils l'échec, mais *ils le savourent*. Ils saisissent parfaitement qu'une expérience « ratée » ne l'est pas du tout puisqu'elle a tout simplement indiqué la voie du succès.

Si une chose se déroule comme vous le vouliez au départ, cela ne correspond pas à la définition du succès. Et dans le cas contraire, il ne s'agit pas d'un échec. En effet, si vous vivez longtemps, vous pourrez parfois affirmer le contraire.

Ce que vous appelez de nombreux échecs, ce sont en fait des expériences successives. Et comment pourrait-on qualifier d'*échecs* des expériences « successives » ?

Mais l'Illusion de l'Échec est nécessaire pour connaître la joie intense du succès. Si vous « réussissez » en tout, vous ne connaîtrez le succès en rien. Vous aurez tout simplement l'impression de faire ce que vous faites, sans connaître le succès ni la merveille et la gloire de Qui Vous Êtes, car vous n'aurez pas de champ contextuel à l'intérieur duquel le remarquer.

Au football, lancer une passe de touché au premier essai peut être exaltant, bien sûr. Mais si vous réussissiez une passe de touché à *tous* les coups, cette excitation diminuerait rapidement. Cela ne voudrait plus rien dire. Comme il n'y aurait *que* des passes de touché, leur réussite n'aurait aucun sens.

Toute la vie s'écoule par cycles, et seuls ces cycles donnent son sens à la vie.

En fait, *l'échec n'existe pas*. Il n'y a que le succès, qui se manifeste sous ses nombreux aspects. En outre, il n'y a rien qui ne soit Dieu. Il n'y a que Dieu, qui se manifeste sous ses multiples aspects.

Voyez-vous le parallèle ? Voyez-vous le modèle ?

Cette simple observation change tout. Lorsqu'elle sera claire pour vous, vous serez immédiatement rempli de reconnaissance et d'émerveillement. Reconnaissant pour tous les « échecs » de votre vie et ébahi d'avoir mis autant de temps à reconnaître les trésors qu'on vous a donnés.

Vous saisirez enfin que « je ne vous ai envoyé que des anges » et que « je ne vous ai prodigué que des miracles ».

Dès que vous comprendrez cela, vous saurez que vous ne manquez jamais de réussir.

Rappelez-vous toujours cela.

Vous ne manquez jamais de réussir.

La Troisième Illusion, l'Illusion de la Désunion, peut être utilisée pour faire l'expérience de votre unité avec tout ce qui est.

Si vous êtes uni à quelque chose pendant longtemps, vous cesserez, à un moment donné, de remarquer que « vous » existez. L'idée que « vous » soyez une entité distincte disparaîtra graduellement.

Les gens qui vivent ensemble depuis longtemps en font souvent l'expérience. Ils commencent à perdre leur identité individuelle. C'est merveilleux – jusqu'à un certain point. Mais cet aspect merveilleux disparaît lorsqu'on fait l'expérience de l'union avec l'infini, car l'union n'est rien sans la désunion. Elle n'est pas ressentie comme une extase, mais comme un vide. En l'absence de quelque séparation *que ce soit*, l'Union c'est le Néant.

Voilà pourquoi j'ai inspiré cette parole : Qu'il y ait des espaces dans votre intimité. Buvez à même une tasse pleine, mais pas à la même tasse. Les piliers qui soutiennent une structure sont écartés, et les cordes du luth sont séparées, bien qu'elles frémissent de la même musique.

Toute la vie est un processus d'expérience de l'unité et de la séparation, de l'unité et de la séparation. C'est son rythme même. En effet, c'est le rythme qui crée la vie.

Je vous le redis : la vie est un cycle, comme tout ce qu'elle renferme. Le cycle va et vient, va et vient. Ensemble, séparés. Ensemble, séparés.

Même lorsqu'une chose est ou paraît séparée, elle est toujours intégrée, car elle ne peut vraiment se séparer, elle ne peut que grandir. Autrement dit, elle n'est pas du tout séparée.

Jadis, votre univers entier était incroyablement unifié, comprimé en un point infinitésimal beaucoup plus petit que le point final de cette phrase. Il a ensuite explosé, sans jamais vraiment se séparer : il a grandi.

Dieu ne peut se démembrer. Nous pouvons *paraître* à part, mais nous sommes plutôt devenus membres *à part entière*. Lorsque nous nous r-appelons, nous refaisons l'expérience de notre Unité intrinsèque.

Lorsque vous verrez des gens qui semblent séparés de vous, regardez-les bien. Regardez *en* eux. Faites-le longtemps et vous saisirez leur essence.

Puis, vous allez vous rencontrer vous-même, attendant là.

Lorsque vous verrez, dans votre monde, des choses – une part de la nature, ou tout autre aspect de la vie – qui ont l'air d'être séparées de vous, contentez-vous de les regarder profondément. Regardez *en* elles. Faites-le un long moment et vous saisirez leur essence.

Puis, vous allez vous rencontrer vous-même, attendant là. À cet instant, vous connaîtrez l'unité de toutes choses. Et à mesure que votre sentiment d'Union augmentera, la souffrance et le chagrin disparaîtront de votre vie, car la souffrance répond à la séparation, et le chagrin annonce sa vérité. Mais c'est une fausse vérité. Elle n'est vraie qu'en apparence. Elle ne l'est pas fondamentalement. Il n'est tout simplement pas possible d'être vraiment séparé de qui que ce soit ni de quoi que ce soit. C'est une merveilleuse illusion, car elle vous permet de ressentir l'extase de l'union, mais c'en est tout de même une.

Employez l'Illusion de la Désunion comme l'outil d'un artisan. Servez-vous-en pour façonner votre expérience d'union totale et utilisez-la souvent pour recréer l'expérience.

Lorsque, partout où vous regardez, vous ne voyez que Vous, vous regardez par les yeux de Dieu. Et à mesure que votre sentiment d'Union augmentera, la douleur et la déception disparaîtront de votre vie.

Rappelez-vous toujours cela.

À mesure que votre sentiment d'Union augmentera, la douleur et la déception disparaîtront de votre vie.

La Quatrième Illusion, l'Illusion du Manque, peut vous servir à faire l'expérience de votre abondance.

Dieu est abondant, et vous aussi. Au jardin d'Éden, vous aviez tout, mais ne le saviez pas. Vous aviez la vie éternelle, mais c'était sans importance. Cela ne vous impressionnait pas, car vous ne viviez rien d'autre.

Le jardin d'Éden est un mythe, mais ce récit était destiné à transmettre une grande vérité. Si vous avez tout mais ne le savez pas, vous n'avez rien.

La seule façon, pour vous, de savoir ce que signifie tout

avoir, c'est, à un moment donné, d'avoir moins que tout. D'où l'Illusion du Manque.

Votre manque était destiné à être une bénédiction par laquelle vous pouviez connaître et faire l'expérience de votre abondance véritable et totale. Mais pour arriver à cela, il faut sortir de l'illusion – la voir *en tant* qu'illusion et s'en détacher.

Voici comment vous pouvez sortir de l'Illusion du Manque. Comblez le Manque que vous voyez, partout où vous le voyez à l'extérieur de vous, car c'est là que se trouve l'Illusion.

Si vous rencontrez des gens qui ont faim, nourrissez-les. Si vous voyez des gens qui ont besoin de vêtements, vêtez-les. Si vous croisez des gens qui cherchent un abri, donnez-leur-en un. De la sorte, vous ferez alors l'expérience de ne manquer de rien.

Même si vous avez peu de choses, vous pouvez toujours trouver quelqu'un qui en a moins que vous. Trouvez cette personne et donnez-lui de votre abondance.

Ne vous évertuez pas à recevoir quoi que ce soit ; soyez la source. Ce que vous voulez avoir, faites qu'un autre l'ait. Ce que vous essayez de vivre, faites qu'un autre le vive. Ce faisant, vous vous rappellerez que vous avez toujours eu cela.

Voilà pourquoi il a été dit : « Faites aux autres ce que vous aimeriez que l'on vous fasse. »

Alors, ne demandez pas : Qu'allons-nous manger ? Qu'allons-nous boire ? Regardez les oiseaux dans les cieux. Ils ne sèment ni ne récoltent, n'engrangent rien, mais se nourrissent. Lequel d'entre vous peut, par l'inquiétude, ajouter quelque chose à sa vie ?

Et ne demandez pas : De quoi allons-nous nous vêtir ? Voyez les lis des champs, comme ils croissent. Pourtant, ils ne travaillent ni ne filent. Je vous le dis : même Salomon, dans sa magnificence, n'a jamais été vêtu comme l'un d'eux. En conséquence, cherchez d'abord le royaume des cieux, et tout cela vous sera donné par surcroît.

Comment faire ? En le donnant aux autres. En *étant* le royaume des cieux dans lequel d'autres pourront trouver refuge et force. En *apportant* le royaume des cieux et toutes ses bénédictions à tous ceux dont vous touchez la vie. Ainsi, vous devenez ce que vous donnez.

Rappelez-vous toujours cela.

Vous devenez ce que vous donnez.

La Cinquième Illusion, l'Illusion de l'Obligation, peut être utilisée pour faire l'expérience que vous n'avez rien à faire en vue de savoir et de faire l'expérience de Qui Vous Êtes Vraiment.

Ce n'est qu'en effectuant les choses que vous croyez requises dans la vie que vous pouvez en arriver à savoir qu'aucune d'entre elles n'est nécessaire.

Demandez aux plus vieux d'entre vous. Demandez à ceux qui ont joué le jeu, marché droit et obéi aux règles. Ils vous donneront leur avis en trois mots.

« Désobéis aux règles. »

Ils n'hésiteront pas. Leur conseil sera rapide et précis.

« Dépasse les limites. »

« N'aie pas peur. »

« Écoute ton cœur. »

« Ne laisse *personne* te dire quoi faire. »

À la fin de votre vie, vous saurez que rien de ce que vous aurez fait n'aura eu d'importance – *sauf ce que vous aurez été en le faisant.*

Avez-vous été heureux ? Gentil ? Aimable ? Avez-vous été attentionné, compatissant et courtois envers les autres ? Avez-vous été généreux et – par-dessus tout – avez-vous donné votre amour ?

Vous verrez que c'est qui vous avez *été*, et non ce que vous avez *fait*, qui importe pour votre âme. Et vous verrez que c'est votre âme, après tout, qui est Qui Vous Êtes.

Mais l'Illusion de l'Obligation, l'idée qu'il y ait des choses à faire, peut servir à motiver votre esprit alors que vous êtes dans votre corps. Elle vous servira pourvu que vous compreniez que, sur un certain plan, c'est une Illusion et que *personne n'a à faire ce qu'il ne veut pas.*

Pour la plupart des gens, cette vérité est incroyablement libératrice et effrayante. Ils craignent que, si on permet aux humains de ne faire que ce qu'ils veulent, personne ne s'occupera des tâches essentielles.

Qui sortirait les ordures ?

Vraiment.

Qui effectuerait ce que personne ne veut faire ?

Voilà la question, voilà la peur. Les humains croient que, laissés à eux-mêmes, les gens n'accompliraient pas le nécessaire pour que la vie continue.

Cette peur est sans fondement. On découvrirait que les humains sont des êtres plutôt merveilleux. Et dans une communauté sans règlements ni exigences, il y aurait tout de même assez de gens pour se charger des tâches essentielles. En fait, très peu s'en abstiendraient, car ils seraient mal à l'aise à l'idée d'être considérés comme des non-participants.

Ce qui changerait s'il n'y avait ni règlements ni exigences, ce serait non pas ce qu'on ferait, mais *la raison pour laquelle* on le ferait.

Le pourquoi des choses serait autre.

Au lieu d'obéir, les humains agiraient par *choix*, pour exprimer Qui Ils Sont.

C'est la seule raison véritable de faire quoi que ce soit. Mais elle inverse tout le paradigme faire-être. Les humains ont édifié le modèle ainsi : d'abord faire quelque chose, puis être quelque chose. Selon le nouveau paradigme, on est quelque chose, puis on fait quelque chose.

On *est* heureux, puis on fait ce que fait une personne heureuse. On *est* responsable, puis on fait ce que fait une personne responsable. On *est* gentil, puis on fait ce que fait une personne gentille.

On ne fait pas des choses responsables afin d'être responsable. On ne fait pas des choses gentilles afin d'être gentil. Cela ne mène qu'au ressentiment (« Après tout ce que j'ai fait ! »), car cela suppose que tous nos actes seront récompensés.

Et c'est précisément ce que vous croyiez être le but du paradis.

On a brandi le ciel comme récompense éternelle pour avoir fait tout ce que vous avez fait sur terre – et pour ne pas avoir fait tout ce que vous n'étiez pas supposé faire. Vous avez donc décidé qu'il y aurait un endroit pour les gens qui n'ont pas bien fait, ou qui ont fait ce qu'ils n'étaient pas censés faire. Vous avez appelé cet endroit l'enfer.

Je vous dis ceci, à présent : il n'y a pas d'enfer. L'enfer est un état d'être. C'est l'expérience de la séparation de Dieu, le fantasme d'être séparé de votre être même, sans espoir de réunion. L'enfer, est d'essayer à jamais de trouver votre être.

Ce que vous avez appelé le ciel est aussi un état d'être. C'est l'expérience de l'union, l'extase de la réunification avec Tout ce qui est. C'est la connaissance de l'être véritable.

Il n'y a pas d'exigences pour aller au ciel car ce n'est pas un endroit où vous *allez*, mais un endroit où vous *êtes*, toujours. Mais vous pouvez être au ciel (en Union avec tout) sans le savoir. C'est d'ailleurs le cas de la plupart d'entre vous.

Il est possible de changer cela. Il ne s'agit pas de faire, mais uniquement d'*être*.

Voilà le sens de l'expression « vous n'avez rien à faire ».
Il n'y a rien d'autre à faire qu'à être.

Et il n'y a rien à être, sinon Un.

Ce qui étonne, c'est que lorsque vous ne faites qu'Un
avec tout, vous finissez par faire *tout ce que vous croyiez*
« *devoir faire* » pour recevoir la récompense promise. Tout
naturellement, vous préférez ne faire aux autres, et pour eux,
que les choses que vous feriez à vous-même, et pour
vous-même. Et vous ne feriez pas aux autres ce que vous n'aimeriez pas que l'on vous fasse. Lorsque vous ne faites qu'Un,
vous *réalisez* – c'est-à-dire que vous *rendez réelle* – l'idée
qu'il n'y a personne d' « autre ».

Même le fait d'être Un n'est pas « exigé ». On ne peut
vous forcer à être ce que vous êtes déjà. Si vous avez les yeux
bleus, personne ne peut vous obliger à les avoir de cette
couleur. Si vous mesurez un mètre quatre-vingt-cinq,
personne ne peut vous obliger à avoir cette taille-là. Et si vous
ne faites qu'Un avec tout, vous ne pouvez *y être obligé*.

Par conséquent, il n'y a pas d'exigences.

Elles n'existent pas.

Qui pourrait bien avoir ces exigences ? Et à qui
s'appliqueraient-elles ? *Il n'y a que Dieu.*

Je Suis Ce Que Je Suis, et rien d'autre n'existe.

Utilisez l'Illusion de l'Obligation pour remarquer que
rien ne peut être véritablement exigé. Vous ne pouvez connaître et vivre la liberté par rapport aux exigences si vous n'avez
que la liberté par rapport à elles. Vous chercherez donc à imaginer que l'on réclame certaines choses de vous.

Vous l'avez très bien fait. Vous avez créé un Dieu qui
exige de vous la perfection, et qui vous demande de vous
adresser à lui d'une certaine façon, par des rituels particuliers,
tous soigneusement prescrits. Vous devez parler avec exactitude, agir d'une façon exacte et parfaite, vivre de manière
particulière.

Après avoir créé l'illusion qu'il y avait des exigences à respecter pour recevoir mon amour, vous commencez maintenant à ressentir la joie indescriptible de savoir que rien de cela n'est nécessaire.

Vous le remarquerez en observant que les « récompenses » terrestres arrivent parfois à des gens, qu'ils fassent ou non « ce qu'ils sont censés faire ». Même chose pour les récompenses que vous imaginez venir dans l'après-vie. Cependant, votre expérience de l'après-vie n'est pas une récompense, mais un résultat. C'est le résultat naturel d'un processus tout aussi naturel appelé la vie.

Lorsque cela deviendra clair pour vous, vous comprendrez enfin le libre arbitre.

À cet instant, vous saurez que votre nature véritable est la liberté. Vous ne confondrez plus jamais l'amour avec les exigences, car l'amour véritable n'exige rien.

Rappelez-vous toujours cela.

L'amour véritable n'exige rien.

La sixième Illusion, l'Illusion du Jugement, peut être utilisée pour faire l'expérience merveilleuse d'un vous et d'un Dieu qui ne jugent pas.

Vous avez choisi de créer l'expérience du jugement pour connaître la merveille d'un Dieu qui ne juge pas et pour comprendre que le jugement est une chose absolument impossible dans le monde de Dieu. Ce n'est qu'en ressentant vous-même à quel point le jugement est triste et destructeur que vous savez vraiment que l'amour ne soutiendrait jamais une telle chose.

C'est lorsque d'autres vous jugent que vous savez cela avec le plus d'acuité, car rien ne blesse davantage que le jugement.

Le jugement vous atteint profondément lorsque ceux qui

vous jugent ont tort – mais il blesse encore davantage lorsqu'ils ont raison. Alors, le jugement des autres vous pique au vif et déchire votre âme. Vous n'avez qu'à le ressentir une seule fois pour savoir que le jugement n'est jamais engendré par l'amour.

En créant votre monde illusoire, vous avez produit des sociétés dans lesquelles le jugement est non seulement accepté, mais va de soi. Vous avez même créé tout un système, que vous appelez « justice », autour de l'idée que quelqu'un d'autre puisse vous juger « coupable » ou « innocent ».

Je vous dis ceci : personne n'est jamais coupable, et chacun est à jamais innocent aux yeux de Dieu. Car mes yeux voient davantage que les vôtres. Ils voient pourquoi vous pensez, dites et faites des choses. Mon cœur sait que vous vous êtes tout simplement mépris.

J'ai inspiré la parole suivante : « Personne ne fait rien d'inconvenant, compte tenu de son modèle du monde. » C'est là une grande vérité. J'ai aussi inspiré la parole suivante : « La culpabilité et la peur sont les seuls ennemis de l'homme. » C'est là une grande vérité.

Dans les sociétés hautement évoluées, personne n'est jamais jugé ni trouvé coupable de quoi que ce soit. On observe tout simplement les gestes de quelqu'un et on lui en signifie clairement le résultat ou l'impact. Puis, on le laisse décider de ce qu'il fera, le cas échéant, à cet égard. De même, on permet à d'autres membres de la société de décider de ce qu'ils feront, le cas échéant, pour eux-mêmes à cet égard. Ils ne font rien à personne d'autre. L'idée de punition ne leur vient tout simplement pas à l'esprit, car en soi, elle leur est incompréhensible. Pourquoi l'Être unique voudrait-il se blesser ? Même s'il a fait quelque chose de blessant, pourquoi voudrait-il se blesser à nouveau ? Comment une nouvelle blessure pourrait-elle corriger le tort de la première ? C'est comme se faire mal à l'orteil, puis réagir en se frappant deux fois plus fort.

Bien sûr, dans une société qui ne voit pas son unité ni son union avec Dieu, cette analogie n'aurait aucun sens. Dans une telle société, le jugement tomberait sous le sens. Le jugement n'est pas l'observation. Observer, c'est tout simplement regarder, voir ce qui est. Juger, par contre, c'est conclure suite à son observation qu'il doit y avoir quelque chose d'*autre*. Observer, c'est être témoin. Juger, c'est conclure. C'est ajouter un « donc » à la phrase. En fait, cela *devient* une sentence – souvent livrée sans merci.

Le jugement brûle l'âme, car il la marque d'une Illusion de qui vous êtes sans tenir compte de la réalité profonde.

Je ne vous jugerai jamais. Car même si vous avez agi de telle façon, l'observer serait tout simplement voir ce qui est. Je ne tirerai aucune conclusion sur Qui Vous Êtes. En fait, cela s'avère impossible, car en vous créant vous-même, vous ne concluez jamais. Vous êtes un processus en cours. Vous n'avez pas fini de vous créer – *et n'en finirez jamais*.

Vous n'êtes jamais qui vous étiez l'instant précédent. Et je ne vous vois jamais sous cette forme ; je remarque plutôt celle que vous choisissez *maintenant* d'être.

J'ai inspiré des gens à décrire la chose ainsi : vous êtes continuellement en train de vous créer à partir du champ des possibilités infinies. Vous êtes constamment en train de recréer votre être à neuf sous la prochaine version la plus grandiose de la plus grande vision que vous ayez jamais entretenue à propos de Qui Vous Êtes. Chaque instant, vous renaissez. Comme tout le monde.

Dès que vous comprendrez cela, vous verrez l'inutilité de vous juger ou de juger un autre. Car au moment même de votre jugement, ce que vous jugez *a cessé d'exister*. Il est arrivé à terme au moment même où vous tirez vos propres conclusions.

À cet instant, vous abandonnerez à jamais votre idée d'un Dieu qui juge, car vous saurez que l'amour ne pourrait jamais juger. À mesure que votre conscience grandira, vous comprendrez pleinement que l'autocréation est infinie.

Rappelez-vous toujours cela.

L'autocréation est infinie.

La Septième Illusion, l'Illusion de la Condamnation, peut vous servir à connaître le fait que vous ne méritez que des éloges. Voilà quelque chose qui vous semble insondable, car vous vivez très profondément ancré dans votre Illusion de la Condamnation. Si toutefois vous viviez chaque instant au cœur de la louange, vous ne connaîtriez pas cette illusion. La louange ne voudrait rien dire pour vous. Vous ne sauriez pas ce que c'est.

Lorsqu'il n'y a qu'elle, la louange perd sa gloire. Mais vous avez porté cette conscience à l'extrême, porté l'illusion de l'imperfection et de la condamnation à des niveaux inédits, à tel point que vous trouvez maintenant la louange mauvaise – surtout la louange de soi. Vous ne devez pas louer vos maîtres ni remarquer (et encore moins annoncer) la gloire de Qui Vous Êtes. Et vous ne devez magnifier les autres qu'avec parcimonie. L'éloge, avez-vous conclu, n'est pas bonne pour vous.

L'Illusion de la Condamnation, c'est aussi annoncer que l'on peut vous porter atteinte ainsi qu'à Dieu. Tout le contraire est vrai, bien sûr, mais faute d'une autre réalité, vous ne pouvez ni connaître cette vérité ni en faire l'expérience. Ainsi, vous avez créé une réalité parallèle dans laquelle on peut porter atteinte, et la condamnation en est la preuve.

Je le répète : l'idée que l'on puisse vous porter atteinte

ainsi qu'à Dieu est une illusion. Si Dieu est le Tout (et c'est le cas) et que Dieu est le Tout-Puissant (et c'est le cas) et l'Être Suprême (et c'est vrai), alors on ne peut blesser Dieu ni lui porter atteinte. Et si vous êtes faits à l'image et à la ressemblance de Dieu (et c'est le cas), il est tout aussi impossible de vous blesser ou de vous porter atteinte.

La condamnation est un stratagème que vous avez créé pour vous aider à faire l'expérience de cette merveille, en produisant un contexte dans lequel cette vérité puisse avoir un sens. C'est l'une des nombreuses illusions moindres qui découlent chaque jour des Dix Illusions. C'est la Première Illusion (selon laquelle Dieu et vous avez besoin de quelque chose) qui la crée – à savoir que si vous n'obtenez pas ce dont vous avez besoin, Dieu et vous recevrez blessures et atteintes. Cela plante le décor de la *rétribution*. Et ce n'est pas une mince illusion, mais une grande.

Rien n'a captivé l'imagination des humains d'une façon plus complète que l'idée de l'enfer ; d'un lieu de l'univers auquel Dieu condamne ceux qui n'ont pas obéi à sa loi.

Partout dans le monde, des images effrayantes et macabres de ce lieu horrible apparaissaient dans des fresques aux plafonds et sur les murs d'églises. Des images tout aussi affligeantes ornent les pages de catéchismes et de brochures ecclésiastiques donnés aux petits enfants – pour mieux les effrayer.

Et tandis que le bon peuple pratiquant a cru pendant des siècles le message que ces images envoient, il appert que celui-ci est faux. Voilà pourquoi j'ai inspiré le pape Jean-Paul II à déclarer, en audience papale au Vatican, le 28 juillet 1999, que « l'usage impropre des images bibliques ne doit pas créer de psychose ou d'anxiété » : les descriptions bibliques de l'enfer sont symboliques et métaphoriques.

J'ai inspiré le pape à dire que « le feu inextinguible » et

« le four brûlant » dont parle la Bible « désignent la complète frustration et la vacuité d'une vie sans Dieu ». L'enfer est l'état d'être séparé de Dieu, a-t-il expliqué, un état causé non pas par un Dieu qui punit, *mais par soi-même.*

Il ne revient pas à Dieu de récompenser ni de punir qui que ce soit, et le pape l'a clairement énoncé dans son audience.

Cependant, l'idée de condamner Dieu a été une illusion utile. Elle a créé un contexte dans lequel on pouvait faire l'expérience de toutes sortes de choses, de nombreux aspects de l'être.

La peur, par exemple. Ou le pardon. La compassion et la miséricorde, aussi. Et d'autres aspects de l'être.

Au plus profond de son cœur, un condamné comprend l'expression de la miséricorde. Tout comme la personne qui condamne – ou qui gracie.

Le pardon est une autre nuance de l'expression de l'amour que votre espèce a eu avantage à connaître. Le pardon n'est connu que dans les cultures jeunes et primitives (les cultures avancées n'en ont pas besoin, aucun pardon n'y est nécessaire), mais il a une valeur énorme dans le contexte de l'évolution – ce processus de mûrissement et de croissance des cultures.

Le pardon permet de guérir presque toute blessure psychologique, émotionnelle, spirituelle et même parfois physique que l'on puisse imaginer avoir reçue. C'est un grand guérisseur. Vous pouvez littéralement retrouver la santé par son biais. Vous pouvez aussi trouver le bonheur.

Votre usage de l'Illusion de la Condamnation a été très créatif à cet égard. Il a permis l'avènement de nombreux instants dans votre vie et dans l'histoire humaine dans lesquels le pardon peut s'exprimer. Vous avez ainsi fait l'expérience d'un aspect de l'amour divin – qui vous a graduellement rapprochés de la vérité de l'amour et de la Divinité même.

L'un des récits de pardon les plus célèbres à cet égard est celui dans lequel Jésus pardonne à l'homme qui est crucifié près de lui, révélant l'éternelle vérité que *personne n'est condamné s'il cherche Dieu.* Autrement dit, personne n'est jamais condamné, car chacun cherche Dieu, en définitive, qu'il l'appelle ou non ainsi.

L'enfer est l'expérience de la séparation de Dieu, mais quiconque ne souhaite pas vivre la séparation éternelle *n'a pas à le faire.* C'est le simple désir de retrouvailles avec Dieu qui la produit.

Voilà une affirmation extraordinaire, et je vais la répéter. *C'est le simple désir de retrouvailles avec Dieu qui la produit.*

Le pardon n'est jamais nécessaire, car aucune offense véritable ne pourra jamais être commise par ou contre la divinité même, car cette divinité est Tout ce qui est. Voilà une chose que comprennent les cultures avancées. Qui pardonnerait à qui ? Et quoi ?

La main pardonne-t-elle à l'orteil de s'être cogné ? L'œil pardonne-t-il à l'oreille ?

Il est vrai que la main peut soulager l'orteil. Elle peut le frotter, le guérir et l'assouplir. Mais a-t-elle besoin de *pardonner* à l'orteil ? Ou se pourrait-il que *pardonner* ne soit qu'un synonyme de *soulager,* dans le langage de l'âme ?

J'ai inspiré cette phrase : *Aimer, c'est ne jamais devoir demander pardon.*

Lorsque votre culture comprendra cela, à son tour, vous ne vous condamnerez plus jamais ni personne d'autre pour les fois où l'âme se « cogne l'orteil ». Vous n'envisagerez plus jamais de Dieu courroucé ou vengeur, de Dieu accablant qui vous astreindrait à la torture éternelle pour ce qui, à ses yeux, compterait sûrement moins qu'une blessure à l'orteil.

À cet instant, vous abandonnerez à jamais votre idée d'un Dieu qui condamne, car vous saurez que l'amour ne pourrait jamais agir ainsi. Puis, vous ne condamnerez plus, ni rien, non plus, selon ma recommandation : ne jugez pas ni ne condamnez.

Rappelez-vous toujours cela.

Ne jugez pas ni ne condamnez.

La Huitième Illusion, l'Illusion des Conditions, peut servir à faire l'expérience de cet aspect de vous-même qui existe sans condition – et qui peut aimer sans condition, pour cette raison même.

Vous êtes un être inconditionnel, mais vous ne pouvez le savoir, car vous ne pouvez pas ne pas être inconditionnel. Vous ne remplissez pas les conditions des conditions.

C'est littéralement vrai. Vous ne remplissez pas les conditions nécessaires pour « faire ». Vous ne pouvez qu' « être ». Mais l'être pur ne vous satisfait pas. C'est pour cette raison que vous avez créé l'Illusion des Conditions. C'est l'idée qu'une partie de vous – de la vie, de Dieu – dépend d'une autre pour exister.

C'est une excroissance ou un grossissement de votre Illusion de la Désunion qui, en retour, émerge de votre Illusion du Besoin, la Première Illusion. Il n'y a en vérité qu'une seule Illusion, et toutes les autres n'en sont qu'un grossissement, comme un ballon qui se gonfle.

C'est de l'Illusion des Conditions que fut créée ce que vous appelez la relativité. Le chaud et le froid, par exemple, ne sont pas vraiment des contraires, mais *la même chose, dans une condition différente.*

Tout est la même chose. Il n'y a qu'une seule énergie, celle que vous appelez la Vie. À sa place, on peut employer le mot Dieu. C'est la vibration individuelle et précise de cette énergie que vous appelez sa condition. Dans certaines conditions, des choses se produisent et semblent être ce que vous qualifiez de vrai.

Par exemple, le haut est en bas et le bas est en haut – dans certaines conditions. Vos astronautes ont appris que dans l'espace, les définitions du haut et du bas disparaissent. *La vérité s'est transformée*, car les conditions sont autres.

Des conditions changeantes engendrent une vérité changeante.

La vérité n'est qu'un mot signifiant « ce qui est maintenant ». Mais ce qui est se transforme toujours. Par conséquent, la vérité est toujours changeante.

Votre monde vous l'a montré. Votre vie vous l'a démontré.

En fait, le processus de la vie est changement.

Dieu est la vie. Par conséquent, Dieu est changement.

Dieu est un processus et non un être.

Et ce processus s'appelle le changement.

Certains d'entre vous préféreront le mot évolution.

Dieu est l'énergie qui évolue... ou Ce qui devient.

Ce qui devient n'a besoin d'aucune condition particulière pour devenir. La vie devient tout simplement ce qu'Elle devient, et afin de la définir, de la décrire, de la quantifier, de la mesurer et d'essayer de la contrôler, vous lui attribuez certaines conditions.

Mais la vie n'en connaît aucune. Elle est, tout simplement. La vie est ce qui est.

JE SUIS CE QUE JE SUIS.

Vous comprenez peut-être à fond, maintenant, pour la première fois, cette affirmation énigmatique et ancienne.

Lorsque vous saurez quelles conditions sont nécessaires pour que vous connaissiez les *non-conditions* (c'est-à-dire

Dieu), vous bénirez les conditions de votre vie et toutes celles dont vous ayez jamais fait l'expérience. Elles vous ont permis de faire l'expérience d'être plus grand que chacune d'entre elles. Plus grand qu'elles toutes. Votre vie vous l'a montré.

Pensez-y un instant, et vous verrez que c'est vrai. Imaginez une condition dans laquelle vous vous êtes trouvé, dans laquelle vous vous êtes imaginé être. Vous êtes-vous déjà élevé au-dessus de cette condition, pour découvrir que vous l'aviez surmontée ? En vérité, vous ne l'avez pas du tout surmontée. Vous ne l'avez jamais *été*. Vous avez tout simplement rejeté l'idée que cette condition dans laquelle vous vous trouviez était *vous*. Vous vous êtes vu plus grand qu'elle, différent d'elle.

« Je ne suis pas ma condition », vous êtes-vous peut-être dit. « Je ne suis pas mon handicap, mon emploi, ma richesse ou mon manque de richesse. Je ne suis pas cela. *Ce n'est pas Qui Je Suis.* »

Les gens qui ont fait ces déclarations ont vécu des expériences extraordinaires dans leur vie et obtenu des résultats tout aussi extraordinaires. Ils ont ainsi utilisé l'Illusion de la Condition pour se recréer à neuf, dans la prochaine version la plus grandiose de la plus grande vision qu'ils ont jamais entretenue à propos de Qui Ils Sont.

Pour cette raison, certains ont béni les conditions mêmes de la vie que d'autres ont condamnées. Car ils ont adopté ces conditions comme un grand cadeau qui leur permettait de voir et d'exprimer la vérité de leur être.

Lorsque vous bénirez les conditions de votre vie, vous les changerez. Car vous les nommez d'une autre façon que ce qu'elles semblent être, tout comme vous vous appelez autrement que ce que vous semblez être.

C'est à ce stade que vous commencez à *créer* consciemment, et non à tout simplement remarquer, les conditions et les circonstances de votre vie, car vous savez que vous avez toujours été, et serez toujours, celui qui perçoit et définit chaque condition. Ce qu'une personne perçoit comme étant la pauvreté, vous pouvez le percevoir comme étant l'abondance. Ce qu'une personne définit comme une défaite, vous pouvez le définir comme une victoire (ce sera le cas lorsque vous déciderez que chaque échec est un succès).

Ainsi, vous vous connaîtrez en tant que créateur de chaque condition – son « imagineur », si vous voulez (mais *seulement* dans ce cas), puisque la condition véritable n'existe pas.

Dès lors, vous cesserez de blâmer tout individu, endroit ou objet de votre vie, pour avoir engendré votre expérience. Et toute votre expérience – passée, présente et future – changera. Vous saurez que vous n'avez jamais été vraiment persécuté, et ce que vous connaissez, vous le ferez grandir. En définitive, vous réaliserez qu'il n'y a pas de victimes.

Rappelez-vous toujours cela.

Il n'y a pas de victimes.

La Neuvième Illusion, l'Illusion de la Supériorité, peut servir à faire l'expérience que rien n'est supérieur à quoi que ce soit, et qu'ainsi, l'infériorité est une fiction. Toutes les choses sont égales. Mais vous ne pouvez le savoir lorsqu'il n'y a que l'égalité.

Si tout est égal, rien ne l'est – car on ne peut faire l'expérience de l'idée même d'« égalité » dans la mesure où il n'y a qu'une chose *et qu'elle est égale à elle-même.*

Une chose ne peut être « inégale » à elle-même. Si vous la prenez et la divisez en parties, celles-ci égalent le tout. Elles ne sont pas inférieures à l'ensemble du simple fait d'avoir été séparées.

Mais l'*illusion* de l'inégalité permet à chacune des parties de se voir comme *la partie qu'elle est* et non pas comme le tout. Vous ne pouvez vous considérer comme une partie à moins de vous tenir pour séparé. Comprenez-vous ? Vous ne pouvez vous concevoir comme une partie de Dieu, à moins de vous imaginer séparé *de* lui.

Autrement dit, vous ne pouvez me voir à moins de reculer et de me regarder. Mais vous ne pouvez reculer et me regarder si vous croyez *être* moi. Vous devez donc imaginer que vous ne l'êtes pas afin d'en faire l'expérience.

Vous êtes l'égal de Dieu, et cette égalité, vous désirez en faire l'expérience. Vous n'êtes pas inférieur à Dieu, ni à quoi que ce soit, mais vous ne pouvez connaître ou faire l'expérience du manque d'infériorité dans un contexte où rien n'est supérieur. Par conséquent, vous avez créé l'Illusion de sa Supériorité pour savoir que vous êtes l'égal de tout – c'est-à-dire que vous n'êtes supérieur à rien.

Votre union avec Dieu ne peut être vécue hors d'un contexte qui rend possible le manque d'union, ou la désunion. Vous devez être *à l'intérieur* de ce contexte, ou de ce que nous avons appelé ici l'*illusion*, afin de connaître la vérité qui existe hors de l'illusion. Vous devez « être dans ce monde, sans en faire partie ».

De même, votre égalité à Dieu et à chaque chose et chaque personne de la vie n'est envisageable que si vous comprenez l'*in*égalité.

C'est pour cette raison que vous avez créé l'Illusion de la Supériorité.

Cette idée présente un autre avantage. En vous imaginant supérieur à votre condition et à votre situation, vous vous permettez de faire l'expérience de l'aspect de votre être qui est plus grand que toutes ces conditions et circonstances – comme on l'a souligné plus tôt.

Il y a en vous un aspect merveilleux que vous pouvez

invoquer lorsque vous affrontez des conditions ou des situations négatives. Certains d'entre vous l'appellent le courage.

De même, l'Illusion de la Supériorité vous a été fort utile dans une illusion plus grande, la vie dans le domaine physique, car elle vous a donné la force de vous élever au-dessus des situations négatives et de les vaincre.

Lorsque vous verrez l'Illusion *en tant* qu'illusion, vous comprendrez qu'aucune part de vous n'est supérieure à tout Cela, puisque chaque part de vous est tout cela. Au lieu d'invoquer le courage, vous saurez alors que vous *êtes* courage. Vous n'allez pas *invoquer* Dieu, car vous saurez que vous *êtes* l'aspect de Dieu que vous invoqueriez.

Vous êtes à la fois celui qui appelle et celui qui est appelé. Celui qui change et celui qui subit le changement. Le créateur et la créature. Le commencement et la fin. L'alpha et l'oméga.

Voilà ce que vous êtes, car voilà ce que Je Suis. Et vous êtes fait à mon image et à ma ressemblance. Vous *êtes* moi. Je *suis* vous. J'agis en vous, en tant que vous, et à travers vous. C'est en vous que je place mon être.

En chacun et en chaque chose.

Par conséquent, aucun d'entre vous n'est supérieur à un autre. Une telle chose est impossible. Mais vous avez créé l'Illusion de la Supériorité afin de connaître votre pouvoir – et, par extension, celui de chacun –, votre unité et votre égalité avec Dieu et tous les autres, et l'unité et l'égalité de chacun avec Dieu et les autres.

Mais il faut vous dire que cette Illusion de la Supériorité est fort dangereuse, si la douleur et la souffrance humaines est ce que vous voulez éviter.

Comme je vous l'ai déjà dit, on évite la douleur et la souffrance en faisant l'expérience de l'unité les uns avec les autres et avec Dieu. C'est l'Illusion de la Supériorité qui nie cette unité et augmente la séparation. La supériorité est l'idée la plus séduisante jamais soumise à l'expérience humaine. Elle paraît tellement bonne lorsqu'on est celui qui s'imagine supérieur. Mais on se sent si mal lorsqu'un autre prétend être supérieur à soi. Soyez donc prudent à l'égard de cette illusion, car elle est puissante. Il faut la comprendre en profondeur et à fond. Comme je vous l'ai montré, l'idée de la supériorité peut être un grand cadeau dans le monde de l'expérience relative. En effet, elle peut vous apporter la force et le courage de vous voir et de vous trouver plus grand que votre condition, plus grand que vos oppresseurs, plus que vous ne croyiez l'être vous-même. Mais elle peut être insidieuse.

Même les religions – la seule institution humaine supposément créée pour vous rapprocher de Dieu – ont trop souvent fait de la supériorité leur principal outil. « Notre religion est supérieure à l'autre », ont déclaré nombre d'institutions, séparant davantage les humains sur la voie de Dieu au lieu de les unir.

Les États et les nations, les races et les sexes, les partis politiques et les systèmes économiques ont tous cherché à utiliser leur supposée supériorité pour attirer l'attention, obtenir le respect, l'accord, l'adhésion, le pouvoir, ou tout simplement pour augmenter la liste de leurs membres. Ce qu'ils ont produit ainsi n'avait rien de supérieur.

Mais la majorité de la race humaine semble aveugle ou étrangement silencieuse. Elle ne peut pas voir que ses propres comportements fondés sur la supériorité engendrent en fait de l'infériorité à tous égards. Ou bien elle le voit vraiment et refuse de l'admettre. Cela perpétue le cycle qui consiste à prétendre à la supériorité pour justifier ses actions et subir ensuite les résultats inférieurs de ces actions.

Il y a une façon de rompre ce cycle.

Voyez cette illusion *en tant* qu'illusion. Comprenez et sachez au moins que Nous ne faisons qu'Un. La race humaine, et toute la vie, est une champ unifié. *Ce n'est qu'une seule et même chose.* Par conséquent, vous ne pouvez être supérieur à *rien*, et rien ne peut vous être supérieur. Voilà la vérité essentielle de l'expérience de la vie. La tulipe est-elle supérieure à la rose ? Les montagnes sont-elles plus majestueuses que la mer ? Quel flocon de neige est le plus magnifique ? Est-il possible qu'ils le soient tous – et qu'en célébrant ensemble leur magnificence, ils créent un spectacle merveilleux ? Alors, ils se fondent les uns dans les autres et dans l'Unité. Mais ils ne s'en vont jamais. Ne disparaissent jamais. Ne cessent jamais d'être. Ils *changent* tout simplement *de forme*. Et plus d'une fois : de l'état solide à l'état liquide, du liquide au vaporeux, *du visible à l'invisible*, pour s'élever à nouveau et revenir encore en nouveaux spectacles d'une beauté et d'une merveille saisissantes. C'est la *vie qui nourrit la vie.*

C'est vous.

La métaphore est complète.

Elle est réelle.

Vous lui donnerez réalité dans votre expérience en décidant tout simplement qu'elle est vraie et que vous agirez dans ce sens. Voyez la beauté et la merveille de tous ceux dont vous touchez la vie. Car vous êtes, chacun de vous, des êtres merveilleux, sans qu'aucun ne le soit plus qu'un autre. Et un jour, vous fusionnerez tous dans l'Union et saurez alors que vous formez ensemble un même courant.

Cette connaissance transformera la totalité de votre expérience terrestre. Elle suscitera des changements dans votre politique, votre économie, vos interactions sociales, votre manière d'éduquer vos enfants et apportera, enfin, le paradis sur terre.

Lorsque vous verrez que la supériorité est une illusion, vous saurez que l'infériorité en est une, elle aussi. Alors, vous sentirez la merveille et le pouvoir de l'égalité – les uns par rapport aux autres et à Dieu. L'idée que vous vous faites de vous-même grandira, et vous comprendrez la raison de l'Illusion de la Supériorité. Car plus grande est l'idée que vous vous faites de vous-même, plus grande sera votre expérience.

Rappelez-vous toujours cela.

Plus grande est l'idée que vous vous faites de vous-même, plus grande sera votre expérience.

* * *

La Dixième Illusion, l'Illusion de l'Ignorance, a engendré l'idée que vous ne savez rien de cela. Que tout ce qu'on vient de vous dire est nouveau pour vous et que vous ne pouvez le saisir.

Cette illusion vous permet de continuer à vivre dans le Domaine de la Relativité. Mais vous n'avez plus à vivre comme vous avez vécu, dans la douleur et la souffrance, à vous blesser vous-même et les uns les autres, à attendre, encore et toujours, de meilleurs temps à venir – ou votre récompense éternelle au paradis. Vous *pouvez* avoir votre paradis sur terre. Vous *pouvez* vivre dans votre jardin paradisiaque. Vous n'avez jamais été chassés. Je ne vous ferais jamais cela.

Dans votre cœur, vous le savez déjà. Tout comme vous connaissez l'unité de l'humanité et de toute la vie. Tout comme vous connaissez l'égalité de toutes choses et l'inconditionnalité de l'amour. Vous connaissez toutes ces choses et bien d'autres, et vous entretenez cette connaissance au fond de votre âme.

L'ignorance est une illusion. Vous utilisez l'Illusion avec sagesse lorsque vous la voyez *en tant* qu'illusion – lorsque vous savez qu'il n'est *pas vrai* que vous ne sachiez pas. Vous *savez... et vous savez que vous savez.*

C'est ce qu'on dit de tous les maîtres.

Ils savent qu'ils savent et ils utilisent leur connaissance pour *soutenir* et non *habiter* le monde illusoire dans lequel ils se sont placés. Cela leur donne l'allure, dans votre monde, de magiciens qui créent toutes les illusions de la vie, et y recourent facilement.

« Ne pas savoir » est une illusion merveilleuse et utile. Elle vous permet de connaître et d'apprendre à nouveau, de vous rappeler une fois de plus. De refaire l'expérience du cycle, de devenir flocon de neige.

C'est l'illusion de ne pas savoir qui vous permet de savoir ce que vous savez. Si vous savez tout, et savez que vous le savez, alors vous ne pouvez rien savoir.

Examinez cette vérité dans sa profondeur, et vous la comprendrez.

Donnez-vous l'illusion que vous ignorez quelque chose. *Peu importe* ce que c'est. Vous ferez alors l'expérience de ce que vous n'ignorez *pas* – et ce que vous saurez vous apparaîtra soudainement.

Voilà la merveille de l'humilité. Voilà le pouvoir de l'affirmation : « Il y a quelque chose ici que je ne connais pas et qui, si je le connaissais, pourrait tout changer. » Ce simple énoncé peut guérir le monde.

L'appel à l'humilité est un appel à la gloire.

En ce qui a trait à votre théologie, il ne pourrait y avoir meilleur outil de progrès. J'ai inspiré la pensée que le monde a besoin d'une « théologie de l'humilité », soit un peu moins d'assurance de tout savoir et un peu plus de volonté de continuer la recherche, de reconnaître qu'il y a peut-être quelque chose que vous ne connaissez pas – et dont la connaissance pourrait tout changer.

Je le redis, l'inconnaissance mène à la connaissance. Tout connaître mène à ne rien connaître.

Voilà pourquoi l'Illusion de l'Ignorance est si importante. Il en va de même de toutes les Illusions. Car elles sont les clés de votre expérience de Qui Vous Êtes Vraiment. Elles ouvrent la porte du Domaine du Relatif au Domaine de l'Absolu. La porte de tout.

Mais comme pour toutes les Dix Illusions, lorsque vous vous laissez emporter par l'Illusion de l'Ignorance, lorsqu'elle devient votre expérience totale, votre réalité constante, elle ne vous sert plus. Vous êtes alors comme le magicien qui a oublié ses propres tours. Vous voilà trompé par vos propres illusions. Vous aurez ensuite besoin d'être « sauvé » par un autre, par quelqu'un qui verra à travers l'illusion, qui vous réveillera et vous rappellera Qui Vous Êtes Vraiment.

Cette âme sera incontestablement votre sauveur. Alors même que vous pouvez être véritablement le sauveur des autres, en leur rappelant tout simplement Qui Ils Sont Vraiment, en les redonnant à eux-mêmes. Le mot « sauveur » n'est qu'un synonyme de « quelqu'un qui rappelle ». C'est quelqu'un qui vous r-appelle, qui vous incite à changer d'idée et, une fois de plus, à vous connaître en tant que membre du Corps de Dieu.

Faites-le pour d'autres. Car vous êtes le sauveur d'aujourd'hui. Vous êtes mon bien-aimé, en qui j'ai mis toute ma complaisance. Vous êtes celui que j'ai envoyé pour ramener les autres au bercail.

Par conséquent, sortez de l'illusion, mais ne vous en détournez pas. Vivez avec, mais pas à l'intérieur de celle-ci. Faites-le et vous serez en ce monde, sans y appartenir. Vous connaîtrez votre propre magie et cultiverez votre connaissance. L'idée que vous vous faites de la magie grandira de plus en plus, jusqu'à ce que vous compreniez un jour que vous *êtes* la magie.

Rappelez-vous toujours cela.

Vous êtes la magie.

Lorsque vous utilisez l'Illusion de l'Ignorance, que vous ne la vivez plus et vous contentez uniquement de l'utiliser, vous reconnaissez et admettez qu'il y a bien d'autres choses que vous ne connaissez pas (que vous ne vous rappelez pas). Toutefois, cette humilité même vous élève au-dessus des humbles et vous incite à comprendre et à vous rappeler davantage, à devenir plus conscient. À présent, vous faites partie des *connaisseurs* – de ceux qui savent.

Vous vous rappelez que vous n'êtes qu'en train d'user d'illusions pour créer un champ contextuel localisé dans lequel vous pouvez vivre, et non seulement conceptualiser, l'un ou l'autre des innombrables aspects de Qui Vous Êtes. Vous commencez à recourir consciemment à ce champ contextuel, tel un artiste choisissant un pinceau pour produire des images merveilleuses et créer des moments puissants et extraordinaires – des moments de grâce – dans lesquels vous vous connaîtrez peut-être de façon expérientielle.

Si vous souhaitez vous connaître dans le pardon, par exemple, vous pouvez combiner les Illusions du Jugement, de la Condamnation et de la Supériorité. En les projetant devant vous, vous trouverez (créerez) soudainement sur votre route des gens qui vous donneront l'occasion d'en faire montre. Vous pouvez même ajouter l'illusion de l'Échec, en projetant celui-ci sur vous-même pour augmenter l'expérience. Finalement, vous pourrez ajouter l'Illusion de l'Ignorance pour faire semblant de ne pas savoir que vous seul faites tout cela.

Si vous voulez faire l'expérience de vous-même en tant

que compassion, ou en tant que générosité, vous pouvez mélanger les Illusions du Besoin et du Manque pour créer un champ contextuel dans lequel exprimer ces aspects de la divinité en vous. Vous pouvez ensuite, en marchant dans la rue, être approché par un mendiant. C'est étrange, vous direz-vous peut-être, je n'ai jamais vu aucun mendiant ici...

Vous ressentez de la compassion envers lui, et cela touche votre cœur. Dans un mouvement de générosité, vous plongez la main dans votre poche de manteau et lui donnez de l'argent.

Ou peut-être un parent vous appellera-t-il afin d'obtenir une aide financière de votre part. Vous pourriez alors choisir de sentir l'un ou l'autre des nombreux aspects de votre être. Mais à cette occasion, vous choisissez la gentillesse, l'affection et l'amour. Vous dites : « Bien sûr, combien te faut-il ? »

Mais soyez très vigilant, sinon vous ne comprendrez pas par quelles voies le mendiant dans la rue, ou le parent au téléphone, est arrivé dans votre vie et oublierez que *vous seul l'y avez placé.*

Si vous tombez trop profondément dans l'illusion, vous oublierez que vous avez atttiré *à vous* chaque personne, endroit et événement de votre vie. Qu'ils sont là pour créer la situation ou l'occasion parfaite de vous connaître d'une façon particulière.

Vous oublierez mon enseignement le plus élevé : *Je ne vous ai envoyé que des anges.*

Dans votre récit, vous attribuerez peut-être à mes anges des rôles de méchants. Si vous ne faites pas attention, vous vous considérerez comme la victime, et non comme le bénéficiaire des nombreux moments de grâce survenus dans votre vie, qui ne seront pas tous initialement bienvenus mais qui, tous, vous apporteront un cadeau.

Ou bien vous pouvez décider de devenir bénéficiaire,

mais d'une manière autre que celle que vous aviez choisie au départ. Vous pouvez décider, par exemple, de vivre non seulement la compassion, mais aussi le pouvoir et le contrôle. Vous pouvez continuer à donner au même mendiant, à descendre au même coin de rue chaque jour à la même heure, jusqu'à ce que vous établissiez un rituel à deux. Vous pouvez continuer à donner à ce parent, à lui poster un chèque chaque mois, jusqu'à ce que vous établissiez un rituel à deux.

Vous voilà aux commandes. En situation de pouvoir. Cependant, vous avez enlevé son pouvoir à l'autre – vous avez littéralement pris son pouvoir pour recréer sa vie à l'extérieur de lui – pour vous sentir glorifié, gratifié et puissant. Soudainement, il ne peut fonctionner sans vous. Ni le mendiant ni le parent – qui vivaient tous deux sur cette planète depuis des années sans votre aide – ne peuvent plus fonctionner sans vous. Vous les avez rendus dysfonctionnels et avez créé une relation tout aussi dysfonctionnelle avec eux.

Au lieu de les aider à sortir du trou dans lequel vous les avez trouvés, vous avez creusé davantage ce trou. Vous leur avez enlevé la pelle des mains.

Observez alors attentivement votre motivation pour quoi que ce soit. Continuez d'examiner votre programme. Surveillez étroitement de quel aspect de votre être vous faites l'expérience. Y a-t-il une façon de ne pas enlever son pouvoir à quelqu'un d'autre ? De vous rappeler Qui Vous Êtes sans inviter quelqu'un d'autre à oublier qui il est ?

Voilà certains des moyens d'utiliser les Dix Illusions et les innombrables Illusions moindres qui se cachent derrière elles. À présent, vous voyez ; à présent, vous comprenez ; à présent, vous vous rappelez comment mettre à profit les Illusions.

Rappelez-vous ce qui a été dit déjà. Il n'est pas nécessaire d'utiliser les Illusions dans l'instant présent afin de créer un champ contextuel dans lequel faire l'expérience d'aspects plus élevés de votre être. Les êtres avancés non seulement sortent des Illusions, mais s'en écartent. En d'autres termes, ils les mettent derrière eux et utilisent tout simplement *leurs souvenirs* pour créer ce champ contextuel.

Que vous en usiez par le biais de souvenirs ou sous forme physique dans votre instant présent, vous les emploierez chaque jour. Mais si vous ne les utilisez pas consciemment – si vous ne savez pas que vous les avez *créées*, ni pourquoi –, vous pourriez vous imaginer du côté de l'effet plutôt que de la cause dans votre vie. Vous pourriez croire que la vie arrive *à vous* plutôt qu'*à travers vous*.

Voilà ce que vous n'avez peut-être pas su, et dont la connaissance pourrait tout changer :

Vous êtes la cause de tout ce qui arrive dans votre vie.

Vous comprenez cela parfaitement lorsque vous sortez des Illusions. Vous en faites l'expérience *dans votre corps*, au niveau cellulaire, lorsque vous faites l'expérience de la communion avec Dieu.

C'est ce vers quoi tend toute âme. C'est l'ultime but de toute vie. Vous êtes sur la voie de la maîtrise, de retour vers l'Union, afin de connaître la merveille et la gloire de Dieu dans votre âme, et de l'exprimer à travers vous, *en tant que* vous, de mille et une façons, en un million d'instants, au cours d'innombrables vies qui atteignent à l'éternité.

Seize

Recréez votre réalité

Sur la voie de l'éternité et de la maîtrise, vous affronterez un grand nombre de circonstances, de situations et de changements que vous qualifierez parfois d'indésirables. Dans de tels moments, la première chose que font la plupart des gens –, et la dernière à faire – c'est d'essayer de trouver un sens à tout cela.

Certains croient que ces choses arrivent pour une raison, qu'ils tentent donc de déterminer. D'autres y voient un « signe » et cherchent à le déchiffrer.

D'une façon ou d'une autre, ils essaient de trouver un sens aux événements et aux expériences de leur vie. Mais en réalité, rien n'a de sens. Aucune vérité intrinsèque ne se cache derrière les rencontres et les expériences de la vie. *Qui l'aurait dissimulée là ? Et pourquoi ?*

Si vous deviez en déceler une, ne serait-il pas beaucoup plus efficace de la mettre en évidence ? *Si Dieu avait quelque chose à vous transmettre, ne serait-il pas bien plus facile (et aimable) de vous le dire tout simplement, plutôt que de vous donner un mystère à résoudre ?*

En fait, rien n'a de sens, *sauf celui que vous donnez à toute chose.*

La vie est dépourvue de sens.

Beaucoup d'humains ont du mal à l'accepter, mais c'est mon plus grand cadeau. En rendant la vie insensée, je vous ai offert l'occasion d'établir la signification de tout et de rien. Votre décision vous permettra de vous redéfinir en relation avec tout et rien dans la vie.

En fait, c'est par ce *moyen* que vous faites l'expérience

de Qui Vous Choisissez d'Être.

C'est un acte d'autocréation : vous recréer à neuf dans la version la plus grandiose de la plus grande vision que vous ayez jamais entretenue de Qui Vous Êtes.

Alors, lorsque telle chose vous arrivera, ne vous demandez pas pourquoi. *Choisissez* pourquoi. *Déterminez* pourquoi. Si vous ne pouvez choisir ni décider intentionnellement, inventez. *C'est ce que vous faites, de toute manière.* Vous inventez toutes les raisons pour lesquelles vous faites les choses, ou pour lesquelles elles arrivent ainsi. Sauf que la plupart du temps, vous le faites inconsciemment. Maintenant, faites-vous une idée (et créez votre vie) consciemment !

Ne cherchez pas de sens à la vie ni à un événement précis. *Donnez-lui* son sens. Puis annoncez et déclarez, exprimez et vivez, accomplissez et devenez Qui Vous Choisissez d'Être à cet égard.

Si vous êtes fin observateur, vous remarquerez que vous ramenez sans cesse la même situation dans votre vie, jusqu'à ce que vous arriviez à vous recréer.

C'est la voie de la maîtrise.

Le maître, tout comme le disciple aspirant à la maîtrise, sait que les Illusions sont des illusions, choisit leur raison d'être, puis crée consciemment ce qui sera ensuite vécu dans les limites du soi, grâce à celles-ci.

Devant toute expérience de vie, il y a une formule, un processus grâce auquel vous aussi pouvez vous rapprocher de la maîtrise. Faites tout simplement l'affirmation suivante :

1. Rien de mon monde n'est réel.
2. Tout n'a de sens que celui que je lui donne.
3. Je suis qui je dis être et mon expérience reflète ce que je dis qu'elle est.

Voilà comment travailler avec les Illusions de la Vie. Nous allons maintenant revoir quelques exemples tirés de la « vie réelle » de même que certaines observations, car l'insistance favorise la clarté.

Lorsque vous affronterez l'Illusion du Besoin, cette expérience vous semblera peut-être fort réelle. Le besoin se présentera à vous sous l'un ou l'autre de ces deux déguisements : votre Besoin ou celui des autres.

Lorsque le Besoin semblera être le vôtre, il paraîtra beaucoup plus urgent. La peur peut survenir rapidement, selon la nature du Besoin que vous imaginez.

Si vous pensez avoir besoin d'oxygène, par exemple, vous serez peut-être confronté à une panique immédiate. Ce serait une conséquence logique du fait de croire votre vie en jeu. Seul un maître véritable, ou quelqu'un qui, après une expérience de mort imminente, aurait la certitude que la mort n'existe pas, serait susceptible de garder son calme en de telles circonstances. D'autres auraient à s'y entraîner.

Mais c'est possible.

Ironiquement, c'est précisément ce calme qui est nécessaire. Seul celui-ci serait propice aux pensées et aux actions qui pourraient entraîner un résultat paisible.

Les plongeurs le savent. Voilà pourquoi ils apprennent à ne pas paniquer lorsqu'ils croient manquer d'air, ou que leur réserve d'oxygène diminue. D'autres gens ont appris à éviter la panique dans des circonstances qu'on trouverait généralement fort stressantes et effrayantes.

D'autres situations moins extrêmes, mais non moins menaçantes, peuvent aussi engendrer la peur. L'annonce d'une maladie incurable, par exemple. Ou un vol à main armée. Mais certaines personnes, ayant découvert qu'elles pouvaient affronter une maladie potentiellement mortelle, ou même une possible violence vis-à-vis de leur personne, ont réagi avec une équanimité extraordinaire. Comment ? Pourquoi ?

Tout cela est une question de perspective.

Voir l'illusion de la mort *en tant* qu'illusion, cela change tout. Savoir qu'elle n'a d'autre sens que celui que vous lui donnez vous permet de déterminer sa signification. Comprendre que toute la vie est un processus de recréation crée un contexte dans lequel vous ferez peut-être l'expérience de Qui Vous Êtes Vraiment en relation avec la mort.

C'est ainsi que Jésus a étonné le monde.

D'autres aussi l'ont fait, s'avançant vers la mort avec une grâce si paisible qu'elle a étonné et inspiré leur entourage.

En deçà du niveau des expériences menaçantes pour la vie, le Besoin a beaucoup moins de pouvoir en tant qu'Illusion.

En deçà du plan de la douleur physique, il n'en a pratiquement aucun.

Bien des humains, mais pas tous, ont une grande difficulté devant la douleur physique. S'ils devaient dire « c'est une illusion », dans un instant de douleur, ils en parleraient autrement.

En effet, pour plusieurs, la douleur – et sa possibilité – est plus effrayante que la mort.

Mais cette illusion aussi, on peut l'affronter. Plus tôt dans cette communication, il a été question de la différence entre la douleur et la souffrance. Les maîtres la connaissent, comme tous ceux qui reconnaissent les Illusions de la Vie pour ce qu'elles sont.

Selon l'Illusion du Besoin, les humains doivent être libérés de la douleur pour ne pas souffrir, pour être heureux. Mais la douleur et le bonheur ne s'excluent pas mutuellement – comme peuvent en témoigner beaucoup de femmes qui ont accouché.

Être libéré de la douleur n'est pas un besoin, mais une préférence. En changeant le Besoin en préférence, vous vous placez dans une position de pouvoir extraordinaire face à votre expérience.

Vous pouvez même avoir du pouvoir sur la douleur – suffisamment pour presque l'ignorer, et souvent pour la faire *disparaître* vraiment. Bien des gens l'ont démontré.

Il est encore plus facile d'affronter les Illusions du Besoin qui se trouvent derrière la douleur physique.

Vous pensez peut-être avoir besoin de quelqu'un pour être heureux, ou d'un emploi pour réussir, ou de quelque autre gratification émotionnelle ou physique. Comme lorsque vous remarquez que pour l'instant, vous en êtes privé. *Pourquoi, alors, croyez-vous en avoir besoin ?*

En y regardant bien, vous verrez que vous n'en avez *pas* besoin, pas même pour être heureux.

Le bonheur est un choix et non une expérience.

Vous pouvez décider d'être heureux sans ce dont vous croyiez avoir besoin pour l'être, *et vous le serez.*

Voilà l'une des choses les plus importantes que vous puissiez comprendre. Je vais donc la répéter.

Le bonheur est un choix, et non une expérience. Vous pouvez décider d'être heureux sans ce dont vous croyiez avoir besoin afin de l'être, *et vous le serez.*

Votre expérience est le *résultat* de votre décision, et non sa *cause.*

(D'ailleurs, la même approche s'applique à l'amour. L'amour n'est pas une réaction, mais un choix. En vous rappelant cela, vous vous rapprochez de la maîtrise.)

Le second déguisement du Besoin, c'est celui des autres. Si vous ne considérez pas cette Illusion comme une illusion, vous pouvez vous prendre au piège de tenter constamment de répondre aux besoins des autres, surtout de vos proches – vos enfants, votre conjoint ou vos amis.

Cela peut entraîner un ressentiment silencieux, puis une colère débordante – de votre part *et* de celle de la personne que vous aidez. L'ironie, c'est qu'en continuant à répondre aux besoins des autres, y compris (et surtout) ceux des enfants et des conjoints, vous leur retirerez leur pouvoir plutôt que de les aider – comme je l'ai déjà dit.

En voyant les autres dans le « besoin », permettez-vous d'utiliser l'Illusion pour exprimer la part de votre être que vous choisissez de vivre. Vous choisirez peut-être ce que vous appelez la compassion, la générosité, la gentillesse ou votre propre abondance, ou même tout cela, mais qu'il soit clair pour vous que vous ne faites jamais rien pour les autres. Rappelez-vous cette affirmation : Tout ce que je fais, je le fais pour moi.

Voilà l'un des principes les plus importants que vous puissiez comprendre. Je vais donc le répéter.

Tout ce que je fais, je le fais pour moi.

Voilà la vérité de Dieu, ainsi que la vôtre. La seule différence, c'est que Dieu le sait.

Il n'y a d'autre intérêt que l'intérêt personnel. Car il n'y a que le soi. Comme vous êtes en Union avec tout, il n'y a que vous. Lorsque vous le verrez clairement, votre définition de l'intérêt personnel changera.

Lorsque vous affrontez l'Illusion de l'Échec, cette expérience peut vous paraître fort réelle.

L'échec se présentera sous l'un de ces deux déguisements : votre « échec » et l' « échec » des autres.

Lorsque vous affronterez ce qui semble être un échec, faites immédiatement ces trois affirmations de l'ultime vérité :

1. Rien de mon monde n'est réel.

2. Tout n'a de sens que celui que je lui donne.
3. Je suis qui je dis être et mon expérience reflète ce que je dis qu'elle est.

Voilà la triple vérité – ou la Sainte Trinité. Déterminez le sens de votre expérience de l'échec. Choisissez d'appeler votre échec un succès. Puis, recréez-vous à neuf devant cet échec. Déterminez Qui Vous Êtes en relation avec l'expérience que vous avez. Ne vous demandez pas pourquoi vous l'avez. *Elle n'a d'autre raison que celle que vous lui donnez.*

Par conséquent, décidez ceci : « J'ai eu cette expérience afin de pouvoir me rapprocher davantage du succès que je cherche. Cette expérience m'a été donnée comme un cadeau. Je l'embrasse et la chéris, et j'en tire un enseignement. »

Rappelez-vous ce que j'ai dit : *Tout apprentissage est un rappel.*

Par conséquent, *célébrez l'échec*. Il y a sur votre planète des sociétés éclairées qui le font vraiment. Lorsqu'on commet une « erreur », le patron invite tout le monde à célébrer l'événement ! Cet homme comprend ce que je suis en train de vous expliquer – et ses employés pourraient se jeter à l'eau pour lui. Ils ne reculeraient devant rien pour lui, car il a créé un milieu sécurisant et un climat de réussite grâce auxquels ils peuvent faire l'expérience de la part la plus grandiose d'eux-mêmes et de leur créativité.

Lorsque vous affronterez l'Illusion de la Désunion, cette expérience vous semblera peut-être fort réelle.

La Désunion se présentera à vous sous l'un de ces deux déguisements : votre « désunion » et la « désunion » des autres.

Vous vous sentirez peut-être terriblement séparé de Dieu

et complètement séparé de vos semblables humains. Et vous aurez peut-être le sentiment que les autres le sont de vous. Cela peut créer la plus petite illusion de solitude ou de dépression.

Lorsque vous affronterez ce qui semble être de la Désunion, faites immédiatement les trois affirmations de l'ultime vérité :

1. Rien de mon monde n'est réel.
2. Tout n'a de sens que celui que je lui donne.
3. Je suis qui je dis être et mon expérience reflète ce que je dis qu'elle est.

Cela invoque le processus de cette triade :

A. Voir l'illusion en tant qu'illusion.
B. Déterminer sa signification.
C. Vous recréer à neuf.

Si vous vous sentez seul, reconnaissez votre « solitude » comme une illusion. Déterminez que votre solitude signifie que vous n'avez pas suffisamment rejoint le monde qui vous entoure – comment peut-on être seul dans un monde rempli de gens solitaires ? Puis, choisissez de vous recréer à neuf, sous la forme d'une personne qui rejoint les autres avec amour.

Faites-le pendant trois jours, et votre humeur changera. Faites-le pendant trois semaines, et votre solitude momentanée prendra fin. Faites-le pendant trois mois, et vous ne serez plus jamais seul.

Puis, vous comprendrez que votre solitude était une illusion *que vous pouviez tout à fait maîtriser*.

Même les gens qui sont en prison ou à l'hôpital, complètement isolés des autres, peuvent changer leur illusion extérieure en modifiant leur réalité intérieure. C'est possible par la communion avec Dieu, l'expérience même à laquelle ce livre vous convie. Car après avoir rencontré le Créateur intérieur, vous n'aurez plus jamais besoin de rien d'extérieur à vous-même pour éviter de vous sentir seul.

Les mystiques, les moines, les religieux et les adeptes de la spiritualité l'ont démontré de tout temps. L'extase intérieure de la communion spirituelle et de l'Union avec toute la création (c'est-à-dire avec moi !) est sans égale dans le monde extérieur.

En effet, la Désunion est une Illusion.

Tout vous semblera donc illusoire, tel un cadeau béni qui vous permet de choisir et de faire l'expérience de Qui Vous Êtes Vraiment.

Prenons d'autres exemples, en utilisant d'autres Illusions (n'importe laquelle peut servir, la formule est la même).

Lorsque vous affronterez l'Illusion de la Condamnation, l'expérience vous semblera peut-être fort réelle.

La condamnation se présentera à vous sous l'un ou l'autre de ces deux déguisements : votre « condamnation » et la « condamnation » des autres.

Lorsque vous affronterez l'Illusion de la Supériorité, cette expérience vous semblera peut-être fort réelle.

La supériorité se présentera à vous sous l'un ou l'autre de ces deux déguisements : votre « supériorité » et la « supériorité » des autres.

Lorsque vous affronterez l'Illusion de l'Ignorance, cette expérience vous semblera peut-être fort réelle.

L'ignorance se présentera à vous sous l'un ou l'autre de ces deux déguisements : votre « ignorance » et l' « ignorance » des autres.

Voyez-vous le schéma ? Commencez-vous à en déduire, avant même que je vous le dise, de bonnes façons de recourir à ces Illusions ?

Devant votre condamnation de la part des autres, vous serez tenté de condamner à votre tour. Devant votre condamnation à leur égard, les autres seront tentés de vous condamner.

Devant la supériorité des autres, vous serez tenté de vous croire supérieur. Devant votre supériorité, les autres seront tentés de se croire supérieurs à vous.

Voyez-vous le schéma ? Commencez-vous à concevoir, avant même que je vous le dise, quelques bonnes manières d'utiliser ces illusions ?

Il est important de déceler le schéma. Il a été superposé au tissu de votre propre récit culturel. C'est ce qui a engendré votre expérience de réalité collective actuelle sur votre planète.

Vous n'avez pas besoin de moi pour vous donner d'autres exemples de la façon de vous écarter de ces Illusions et de les utiliser. En effet, si je continue de vous donner des exemple précis, vous deviendrez dépendants de moi. Vous aurez l'impression de ne pas pouvoir comprendre comment vous recréer à neuf devant la « vraie vie », les expériences quotidiennes réelles.

Alors, vous vous mettrez à prier en vous écriant : « Dieu, aide-moi ! » Puis, vous me remercierez si les choses se déroulent bien, ou me maudirez dans le cas contraire, comme si j'exauçais certains souhaits et que j'en refusais d'autres... ou, pis encore, *que je comblais les vœux de certaines gens et refusais ceux des autres.*

Je vous dis ceci : *Dieu n'a pas pour tâche d'exaucer ou de refuser des souhaits. Sur quoi m'appuierais-je ? Sur quels critères ?*

Comprenez ceci, si vous ne comprenez rien d'autre : Dieu n'a besoin de rien.

Si je n'ai besoin de rien, je n'ai par conséquent aucun critère selon lequel décider si *vous* finirez par obtenir quelque chose ou non.

Cette décision vous appartient.

Vous pouvez la prendre consciemment ou non.

Vous le faites inconsciemment depuis des siècles. En fait, depuis des millénaires. Voici comment vous pouvez le faire consciemment.

A. Voir l'illusion en tant qu'illusion
B. Déterminer sa signification.
C. Vous recréer à neuf.

Utilisez les affirmations suivantes de l'ultime vérité comme des outils afin d'accomplir ce qui précède.

1. Rien de mon monde n'est réel.
2. Tout n'a de sens que celui que je lui donne.
3. Je suis qui je dis être et mon expérience reflète ce que je dis qu'elle est.

Cette communication avec vous est une tentative de votre part de mettre des mots humains sur des concepts complexes que vous comprenez intuitivement sur un plan de conscience profond.

Ces paroles sont venues à vous, par vous auparavant. Si vous êtes distrait, elles paraîtront venir à un autre, par un autre. *C'est une illusion.*

Vous avez attiré cette expérience à vous-même, par vous-même. C'est votre processus de rappel.

À présent, vous avez l'occasion de transformer ces paroles en expérience physique en remplaçant vos Illusions par une nouvelle réalité vécue. Voilà la transformation de la vie sur votre planète dont j'ai déjà parlé. Ainsi, j'ai inspiré la parole suivante : « Et le Verbe s'est fait chair, et Il a habité parmi nous. »

Troisième partie

À la rencontre du créateur intérieur

Dix-sept

La maîtrise de votre corps

Pour que ces paroles se fassent chair – pour qu'elles soient davantage que de simples sons et qu'elles deviennent une réalité dans votre monde physique, vous devez accorder de l'attention à la part physique de votre être en ce monde. Votre communion avec Dieu, votre rencontre avec le créateur intérieur, commence par la connaissance, la compréhension, le respect de votre corps physique ainsi que son utilisation en tant que véhicule à votre service.

Pour ce faire, vous devez d'abord comprendre que vous n'êtes *pas* votre corps physique. Vous êtes ce qui maîtrise votre corps, vit avec votre corps et agit dans le monde physique *par son intermédiaire*. Mais vous n'êtes pas ce corps-là.

Si vous croyez le contraire, la vie vous apparaîtra en tant qu'expression de ce corps. Lorsque vous arriverez à concevoir que vous êtes votre âme, la vie vous apparaîtra en tant qu'expérience de votre âme. Lorsque vous reconnaîtrez que votre âme ne fait qu'une avec celle de Dieu, la vie se dessinera en tant qu'expression de l'Esprit unique.

Cela changera tout.

Pour connaître votre corps, le comprendre et en faire l'expérience dans toute sa magnificence, recherchez un rapport optimal à votre corps.

Rappelez-vous : la vérité, c'est ce qui est en train de se passer – comme chacun le sait. Par conséquent, écoutez ce que vous dit votre corps. Rappelez-vous *comment* écouter. Voyez le message transmis par votre corps. Rappelez-vous *comment* regarder.

Ne vous contentez pas d'observer le langage corporel des

autres. Observez aussi le vôtre.

La santé est une déclaration d'entente entre votre corps, votre esprit et votre âme. Lorsque la maladie s'est installée, remarquez quelles parties de vous sont en désaccord. Peut-être est-il temps pour vous de laisser reposer votre corps sans que votre esprit sache comment. Peut-être ce dernier s'attarde-t-il à des pensées négatives, courroucées, ou à des inquiétudes reliées au lendemain.

Votre corps vous démontrera la vérité. Contentez-vous de l'observer. Remarquez ce qu'il vous montre. Écoutez ce qu'il tente de vous dire.

Respectez votre corps. Gardez-le en forme. C'est votre outil matériel le plus important. Un instrument magnifique, extraordinaire. Même en le soumettant à un abus inouï, il continue de vous servir de son mieux. Mais pourquoi réduire son efficacité ? Pourquoi abuser de ses systèmes ?

Tout comme je vous ai suggéré de méditer tous les jours afin de calmer votre esprit et de connaître votre Union avec moi, je vous invite à présent à faire quotidiennement de l'exercice.

L'exercice, c'est la méditation du corps.

Lui aussi vous permet de vous sentir en union avec toute la vie. Ce faisant, vous vous sentirez plus vivant que jamais, en ayant l'impression de *faire partie* de la vie. Le mouvement du corps vous procurera une euphorie naturelle.

Ce sentiment d'euphorie vous rapproche du Créateur ! Et vous êtes relié au Créateur lorsque votre corps est en santé et en accord avec la vie.

Vous voilà très haut !

Votre corps n'est rien de plus qu'un système énergétique. L'énergie de la Vie coule en lui. Vous pouvez la diriger, la maîtriser.

Cette énergie porte plusieurs noms. Qu'on l'appelle le *chi* ou le *ki*, cela revient au même.

Lorsque vous vous rappelez comment sentir cette énergie, sa subtilité, son pouvoir, vous pouvez également vous rappeler comment la maîtriser, la diriger. Certains maîtres peuvent vous y aider. Ils sont issus de plusieurs disciplines, cultures et traditions.

Vous pouvez également le faire seul, sans rien de plus pour vous aider que votre détermination intérieure. Mais si vous cherchez la direction d'un maître, d'un enseignant ou d'un gourou, il est important de savoir comment en reconnaître un.

Vous pouvez reconnaître un maître à sa façon d'enseigner à entrer en contact avec Dieu, de montrer comment rencontrer le Créateur.

S'il vous crie après, hurle, ou vous exhorte et vous pousse à trouver Dieu en dehors de vous – dans sa vérité, son livre, sa voie, son espace à lui –, méfiez-vous. Ne soyez pas réglé comme une montre : cette fois, c'est une illusion.

S'il vous invite calmement à trouver Dieu en vous, s'il vous dit que vous et moi ne faisons qu'Un – et que vous n'avez pas besoin de sa vérité, de son livre, de sa voie ni de son espace –, alors vous avez trouvé un maître, ne serait-ce que parce que vous avez été dirigé vers le maître intérieur.

Peu importe par quel moyen ou quel programme, mais gardez la forme physique qui vous soutiendra le plus efficacement, en fonction de ce que vous tentez de réaliser.

Sachez que ce que vous cherchez à faire en cette vie, c'est d'exprimer et de vivre la version la plus grandiose de la plus grande vision que vous ayez entretenue de Qui Vous Êtes. Si vous n'en faites pas l'expérience sur un plan conscient, si ce n'est pas ce que vous avez l'impression d'essayer de faire, la présente communication ne s'appliquera aucunement. Une très faible portion de celle-ci aura un sens pour vous.

Si vous êtes *vraiment* conscient d'être venu faire cela en cette vie-ci, vous aurez peut-être l'impression, en lisant cette communication, de vous parler à vous-même.

Et c'est exactement le cas.

Il n'est pas étonnant, alors, que l'on vous suggère d'accorder de l'exercice à votre corps. Et un régime alimentaire qui soutiendra également votre intention. Vous saurez exactement ce qu'est ce régime et, en vous dirigeant vers divers aliments, si vous *écoutez votre corps*, vous saurez instantanément s'il vous est utile de les ingérer.

Il vous suffira de passer lentement votre main au-dessus de la nourriture. Votre corps saura tout de suite si cet aliment s'accorde avec vos intentions les plus profondes en ce qui concerne le corps et l'âme. Vous serez à même de sentir sa vibration. Vous n'aurez besoin ni de livres traitant de régimes, ni de cours, ni de conseils de l'extérieur. Vous n'aurez qu'à écouter votre corps, puis à suivre *ses* conseils.

Dix-huit

La maîtrise de vos émotions

Après le soin du corps, l'étape suivante en vue d'arriver à la communion avec Dieu par la rencontre avec le créateur intérieur implique la maîtrise de vos émotions. Vous n'avez qu'à comprendre la nature de l'émotion, qui est tout simplement de l'énergie en mouvement. Cette énergie, vous pouvez l'élever ou l'abaisser. Dans ce dernier cas, vous produisez une émotion négative. Autrement, vous laissez place à une émotion positive. L'exercice vivifiant de votre corps physique est une façon d'élever votre énergie. Vous augmentez littéralement la vibration du *ki* qui se change alors en émotion positive, et celle-ci s'exprime à travers vous.

La méditation est un autre moyen d'élever l'énergie de la Vie toujours présente dans votre corps.

La *combinaison* de l'exercice et de la méditation est extrêmement puissante. Lorsqu'elle fait partie de votre discipline spirituelle, la possibilité de croissance devient énorme. L'usage de cette combinaison vous rappelle que vous pouvez maîtriser, et donc vivre comme vous l'entendez, votre corps et vos émotions. Pour bien des gens – la plupart, en fait –, ce rappel est saisissant.

Les émotions sont des expériences que l'on peut choisir au lieu d'y être soumis. Peu de gens comprennent cela.

Les circonstances extérieures de votre vie matérielle n'ont pas à être reliées à l'expérience intérieure de votre vie spirituelle. Il n'est pas nécessaire d'être libéré de la douleur pour être libéré de la souffrance. La paix n'implique pas nécessairement l'absence de perturbations ou de conflits dans votre vie.

En effet, les maîtres véritables vivent la paix *en affrontant* les perturbations et les conflits, et non en les évitant. Cette paix intérieure, c'est ce que cherchent tous les êtres, car c'est leur essence. Et vous chercherez toujours à faire l'expérience de Qui Vous Êtes Vraiment.

Vous pouvez atteindre cette paix intérieure en toute circonstance ou situation extérieure : il vous suffit de comprendre que vous n'êtes pas votre corps et que rien de ce que vous voyez n'est réel.

Souvenez-vous ! Vous faites l'expérience des Dix Illusions. Et saisissez bien la vérité sur ces Illusions. Vous seul les avez créées, de même que les plus petites illusions qui en découlent, pour déterminer et déclarer, exprimer et vivre, devenir et accomplir Qui Vous Êtes Vraiment.

Je vous l'ai souvent dit et vous le redis encore : la vie entière est un cadeau, et tout y est parfait. C'est l'outil parfait avec lequel créer l'occasion parfaite d'exprimer parfaitement la perfection même en vous, dans votre rôle et par votre intermédiaire.

Lorsque vous aurez intégré cela, vous resterez dans un état d'appréciation continuel. Autrement dit, vous serez en croissance. La croissance, c'est le sens de l'appréciation. Lorsqu'une chose s'apprécie, elle prend de l'ampleur.

En toute situation, vous serez non seulement capable de choisir vos émotions, donc de les maîtriser, mais également de le faire *avant* d'affronter une situation.

En d'autres termes, vous pourrez décider *à l'avance* de la manière de mettre votre énergie en mouvement – de définir ce qu'elle sera – en réponse à toute situation anticipée.

Lorsque vous aurez atteint cette maîtrise, vous pourrez également effectuer ces mêmes choix devant toute situation *non* anticipée.

Ainsi, vous aurez décidé Qui Vous Êtes en dépit des illusions extérieures de votre vie, et non à cause d'elles.

J'ai déjà expliqué en détail comment vous y prendre pour

y arriver – dans la trilogie *Conversations avec Dieu* et dans *L'amitié avec Dieu*, ainsi qu'à travers bien d'autres sources à maintes occasions. Ceci n'est qu'un rappel.

Maintenant que vous vous rappelez comment prendre soin de votre corps physique et maîtriser vos émotions, vous voilà prêt à passer à l'étape suivante : la rencontre avec le créateur intérieur.

Dix-neuf

Le développement de la volonté

Maintenant que vous avez préparé la voie, il ne vous reste qu'à passer à la volonté de rencontrer le créateur intérieur et de faire l'expérience de la communion avec Dieu.

Cette rencontre sera peut-être physique, mentale ou les deux à la fois. Peut-être pleurerez-vous de joie, tremblerez-vous d'emballement ou vous balancerez-vous, en état d'extase. Un jour, vous pourrez tout aussi bien passer, simplement et calmement, à la douce conscience que vous connaissez à présent.

Vous connaissez l'Illusion et la Réalité.

Vous connaissez votre être et Dieu.

Vous comprenez l'Union et son individuation.

Vous comprenez tout cela.

Cette expérience de connaissance peut rester en vous, ou partir et revenir. Ne vous exaltez pas si elle reste et ne vous découragez pas si elle part. Remarquez tout simplement ce qui est, puis choisissez l'expérience que vous voulez faire ensuite.

Même les maîtres choisissent, à l'occasion, de ne pas faire l'expérience de leur maîtrise – parfois pour la joie de s'y éveiller à nouveau, parfois pour y éveiller les autres. Voilà pourquoi ils peuvent vivre certaines choses qui, selon votre jugement, ne devraient ou ne *pourraient* leur arriver s'ils étaient « de vrais maîtres ».

Par conséquent, ne jugez pas, ne condamnez rien. Car votre maître est peut-être près de vous, aujourd'hui même – dans le rôle de la clocharde dans la rue, de l'agresseur au parc. Ce n'est pas nécessairement un gourou au sommet d'une montagne. En fait, c'est rarement le cas. Le maître qui apparaît en tant que maître est rarement reconnu, plus souvent fustigé. Mais celui qui circule parmi vous, en tant que l'un de vous, est souvent celui qui a le plus d'impact.

Soyez donc vigilant, car vous ne savez pas à quelle heure il viendra. Peut-être même prendra-t-il la forme de ce que vous appelez un criminel, désobéissant aux lois et aux coutumes les plus sacrées de votre société, se faisant crucifier pour cela.

Mais par la suite, vous chercherez à vous rappeler chacune des paroles qu'il aura prononcées.

Si vous atteignez à la maîtrise, ne serait-ce que de temps à autre, vous serez peut-être, vous aussi, jugé, condamné et crucifié par votre société. Car les autres vous craindront peut-être, puisque vous défierez alors quelque chose qu'ils croient *vraiment* savoir ou saurez quelque chose qu'ils ne savent pas. La peur change l'observation en jugement, et le jugement en colère.

Comme je vous l'ai dit, la colère, c'est la peur qui s'annonce.

La colère des autres fera partie de leur Illusion quant à leur nature et à la vôtre. Ainsi, le maître en vous leur pardonnera, car il comprendra qu'ils ne savent pas ce qu'ils font.

Voilà la clé de l'expression et de l'expérience de la divinité en vous : le pardon.

Vous ne verrez ce qui est divin en vous qu'en pardonnant à l'autre ce qui, selon vous, ne l'est pas. Autrement, vous serez incapable de voir la divinité chez lui.

Le pardon améliore la perception.

Lorsque vous vous pardonnerez ce que vous et les autres ne sont pas, vous ferez alors l'expérience de ce que vous et les autres êtes vraiment. Vous comprendrez alors que le pardon n'est pas nécessaire en soi. Car qui pardonnerait à qui ? Et pourquoi ?

Nous ne sommes tous qu'Un.

Il y a là une grande paix et un grand réconfort. Je vous donne ma paix. Que la paix soit avec vous.

Le pardon n'est qu'un synonyme de la *paix*, dans le langage de l'âme.

Voilà quelque chose que vous saisissez profondément en vous éveillant du rêve de votre réalité imaginaire.

L'instant de votre éveil peut vous arriver n'importe quand et par l'intermédiaire de n'importe qui. Par conséquent, respectez tous les moments et tous les gens, car votre délivrance peut être imminente. Vous serez délivré de l'Illusion lorsque vous pourrez vivre avec elle sans vivre en elle.

Vous connaîtrez plusieurs de ces instants au cours de votre vie, car le but de celle-ci est de vous offrir de telles occasions.

Ce sont vos moments de grâce, lorsque clarté et sagesse, amour et compréhension, conseils et révélations vous sont prodigués, à vous et à travers vous.

Ces instants de grâce changent à jamais votre vie et, souvent, celle des autres.

C'est ce genre d'instant qui vous a dirigé vers ce livre. Voilà pourquoi vous pouvez recevoir et comprendre en profondeur la présente communication.

D'une certaine façon, c'est une rencontre avec le Créateur.

Elle vous est arrivée par le biais de votre volonté, de votre ouverture, de votre pardon et de votre amour. L'amour de soi et des autres et celui de la Vie.

Et, bien sûr, votre amour de Moi.

C'est l'amour de Dieu qui vous mène à Dieu. C'est l'amour de soi qui apporte la conscience à cette partie de soi qui *est* Dieu – et qui sait, par conséquent, que Dieu ne vient pas *vers* vous, mais *par* vous. Car Dieu n'est jamais séparé de vous et fait toujours *partie de* vous. Le Créateur n'est *pas* séparé de sa créature. L'amoureux n'est jamais éloigné de sa bien-aimée. Ce n'est pas la nature de l'amour ni celle de Dieu.

Ce n'est pas non plus votre nature. Vous n'êtes séparé de rien ni de personne, encore moins de Dieu.

Vous l'avez toujours su. Vous l'avez toujours compris. Maintenant, vous vous permettez enfin d'en faire l'expérience, de vivre véritablement un moment de divinité, de communion avec Dieu.

Que ressent-on dans un tel état de communion ? Si vous vous approchez le moindrement de cette expérience présentement, vous connaissez déjà la réponse. Si vous avez établi cette liaison, ne serait-ce que momentanément, en méditation, vous connaissez aussi la réponse. Si vous avez ressenti l'incroyable euphorie de l'exercice physique le plus vivifiant, vous connaissez également la réponse.

En communion avec Dieu, vous perdez temporairement tout sentiment d'identité individuelle, sans aucun sentiment de perte, car vous savez avoir tout simplement *réalisé* votre identité véritable. Vous l'avez littéralement *rendue réelle*.

Une béatitude indescriptible, une extase élégante vous enveloppe. Vous vous sentez en fusion avec l'amour, en union avec tout. Et vous ne vous contentez plus jamais de moins.

Lorsque ceux qui ont fait cette expérience retournent au monde et à leur quotidien, ils ne sont plus les mêmes. Ils ont le coup de foudre pour le monde entier et connaissent l'union avec tous les autres, dans d'étonnants instants de communion sacrée.

Une conscience accrue et une profonde appréciation de

la nature peuvent leur donner, à la moindre occasion, des larmes de joie inattendues. Et la clarté nouvelle qu'ils ont à propos de tout ce qu'ils voient autour d'eux peut les transformer. Souvent, ils se mettent à bouger plus lentement, à parler plus doucement, à agir plus gentiment.

Ces changements, et bien d'autres, peuvent persister plusieurs heures ou plusieurs jours, plusieurs mois ou plusieurs années – ou toute une vie. La durée de l'expérience n'est qu'une question de choix individuel. Elle s'estompera d'elle-même si elle n'est pas renouvelée. Tout comme l'éclat d'une lumière s'évanouit à mesure qu'on s'en éloigne, la béatitude de l'union s'atténue à mesure qu'on s'en écarte.

Pour rester dans la lumière, il faut demeurer auprès d'elle. Il en est de même de la béatitude.

Voilà pourquoi vous êtes invité à faire tout ce qu'il faut – méditer, bouger, prier, lire, écrire, écouter de la musique, tout ce qui vous convient – pour éveiller quotidiennement votre conscience, tout en faisant l'expérience de votre Illusion actuelle.

Vous serez alors dans le lieu sacré du Très-Haut. Vous vivrez dans l'euphorie et dans une haute estime de vous-même, des autres et de toute la vie.

Ainsi, vous serez créatif et contribuerez plus que jamais à la vie.

Vingt

Le message du Créateur

Après une expérience de rencontre avec le créateur intérieur, vous vous rappellerez le message du Créateur, car c'est celui de votre cœur.

Il n'est pas différent du message que chante votre cœur chaque fois que vous regardez avec amour dans les yeux de quelqu'un d'autre. Il ne diffère en rien du message que crie votre cœur devant la souffrance.

C'est le message que vous apportez au monde, celui que vous lui laissez lorsque vous êtes vous-même.

C'est l'enseignement que je vous livre maintenant pour vous permettre, une fois de plus, de vous le rappeler et de le partager avec tous ceux dont vous rejoignez la vie.

Soyez bons et gentils les uns envers les autres.

Soyez-le aussi envers vous-même.

Comprenez que ces deux propositions ne s'excluent pas mutuellement.

Soyez généreux les uns envers les autres et partagez.

Soyez-le aussi envers vous-même.

Sachez que ce n'est que lorsque vous partagez avec vous-même que vous pouvez le faire avec un autre. Car vous ne pouvez donner à un autre ce que vous n'avez pas.

Soyez aimables et sincères les uns envers les autres.

Soyez-le aussi envers vous-même.

Soyez sincère envers vous-même et il s'ensuivra, comme la nuit suit le jour, que vous ne pourrez mentir à personne.

Rappelez-vous toujours que le fait de vous trahir vous-même pour ne pas trahir un autre reste de la trahison. C'est la plus haute qui soit.

Rappelez-vous toujours que l'amour est liberté. Vous n'avez besoin d'aucun autre mot pour le définir. D'aucune autre pensée pour le comprendre. D'aucun autre geste pour l'exprimer. Votre recherche de la définition véritable de l'amour est terminée. À présent, il ne reste plus qu'à savoir si vous pouvez offrir ce don d'amour à vous-même ou à un autre, tout comme je vous l'ai offert.

Tous les systèmes, accords, décisions et choix qui expriment l'amour expriment Dieu. Car Dieu *est* la liberté, qui est l'expression de l'amour.

Rappelez-vous toujours que votre monde est fondé sur l'illusion, que rien de ce que vous voyez n'est vrai et que vous pouvez utiliser l'Illusion pour vous accorder une expérience grandiose de l'Ultime Réalité. En fait, c'est ce que vous êtes venu faire.

Vous vivez dans un rêve que vous avez créé. Faites en sorte que ce soit le rêve d'une vie, car c'est exactement cela.

Rêvez d'un monde dans lequel le Dieu et la Déesse en vous ne sont jamais niés et dans lequel vous ne niez plus jamais le Dieu et la Déesse chez un autre. Que votre salutation, dorénavant, soit *Namaste*.

Rêvez d'un monde dans lequel l'amour est la réponse à toute question, la solution à tout problème, la réaction à toute situation, l'expérience de chaque instant.

Rêvez d'un monde dans lequel la Vie, et tout ce qui la soutient, garde sa plus forte valeur, reçoit son plus grand honneur et trouve son expression la plus élevée.

Rêvez d'un monde dans lequel la liberté devient l'expression la plus élevée de la vie, dans lequel personne ne cherche à retenir l'autre qu'il dit aimer, chacun a le droit d'exprimer la gloire de son être dans sa pleine et véritable mesure.

Rêvez d'un monde dans lequel l'égalité des chances, des

ressources, de la dignité est accordée à tous afin qu'ils puissent faire également l'expérience de l'incomparable merveille de la Vie.

Rêvez d'un monde dans lequel plus personne ne juge les autres, où l'amour ne s'accompagne jamais de conditions et où la peur n'est plus jamais considérée comme un moyen d'obtenir le respect.

Rêvez d'un monde dans lequel les différences ne produisent aucune division, ou l'expression individuelle n'engendre aucune séparation, où la grandeur du Tout se reflète dans celle de ses parties.

Rêvez d'un monde toujours abondant dans lequel le simple don du partage mène à cette conscience – et la crée – et dans lequel chaque action la soutient.

Rêvez d'un monde dans lequel plus personne n'ignore la souffrance, n'exprime l'intolérance et ne ressent la haine.

Rêvez d'un monde dans lequel l'ego est abandonné, la supériorité abolie et l'ignorance éliminée de la réalité de tous, réduite à l'Illusion qu'elle constitue.

Rêvez d'un monde dans lequel les erreurs ne mènent pas à la honte, ni les regrets à la culpabilité, ni le jugement à la condamnation.

Rêvez ces choses, et bien d'autres.

Les choisissez-vous ?

Dans l'affirmative, *faites-les exister en les rêvant.*

Par la force de vos rêves, mettez fin au cauchemar de votre réalité imaginaire.

Vous pouvez choisir cela... ou l'Illusion.

Je vous l'ai dit par la bouche des poètes, des chefs et des philosophes : il y a ceux qui voient les choses telles qu'elles sont et demandent « Pourquoi ? », et il y a ceux qui rêvent de choses qui n'ont jamais existé et lancent « Pourquoi pas ? »

Et vous, que dites-vous ?

Vingt et un

Saisir l'instant de grâce

Le moment est venu de vous décider. Voici l'heure de choisir. Vous êtes tous arrivés – en tant qu'espèce – à un carrefour.

Dans les jours, les semaines, les mois et les années qui viennent, vous choisirez la vie que vous désirez sur cette planète – si vous voulez qu'il y en ait une.

Ou vous choisirez de perpétuer l'Illusion que vous avez créée comme si elle était réelle ; ou déciderez plutôt de vous écarter d'elle, de la considérer *comme* l'illusion qu'elle est, et de l'*utiliser* afin de faire l'expérience du ciel sur la Terre et de l'Ultime Réalité de Qui Vous Êtes Vraiment.

Voici mon message au monde :

Vous *pouvez* créer une nouvelle civilisation. Vous *pouvez* chercher un nouveau monde. Cette option vous appartient. Le moment est venu. Voici votre moment de grâce.

Utilisez cet instant.

Saisissez-le.

Commencez, au réveil, par examiner Qui Vous Êtes Vraiment, en louangeant tout ce que vous avez été et tout ce que vous êtes devenu. Et choisissez d'abord, en cet instant de divinité, de devenir davantage ce que vous avez jamais été ou ce que vous avez jamais rêvé d'être, de dépasser votre propre portée, de vous rappeler que rien n'est hors d'atteinte.

Voyez-vous comme la lumière qui éclairera véritablement le monde. Déclarez-le. Annoncez-le à votre cœur, puis, *par* son intermédiaire, à chacun de vous. Que vos gestes soient vos déclarations. Remplissez le monde d'amour.

Sachez que chacun de vous est le sauveur que tous ont attendu. Et, en touchant leur vie, vous les sauvez de toute pensée qui renierait la merveille de leur nature véritable et la gloire de leur éternelle communion avec Dieu. Sachez que chacun de vous est venu parmi ces gens pour les guérir. Que chacun est aussi venu en cet espace pour le guérir. Vous n'avez aucune autre raison d'être ici. Vous êtes sur la voie de la maîtrise, et il est temps, à présent, de vous y mettre. Embrassez l'instant sacré. Voilà mon message, et il n'est pas terminé. Vivez en ce monde, ne l'ignorez pas. La spiritualité ne consiste pas nécessairement à se trouver une caverne pour s'y cacher à jamais. Vivez en ce monde, mais n'y appartenez pas. Vivez avec l'Illusion, mais non en elle. Ne l'abandonnez pas, ne vous retirez pas du monde. Ce n'est pas ainsi que vous créerez un monde meilleur ou ferez l'expérience de la part la plus grandiose de vous-même.

Rappelez-vous que le monde a été créé *pour* vous, pour vous fournir un contexte dans lequel faire l'expérience de vous-même en tant que Qui Vous Êtes Vraiment.

Le moment est venu. Le monde que vous avez créé sera peut-être bientôt *décréé* par vous tous si vous l'ignorez encore longtemps, en le laissant suivre un chemin séparé du vôtre, en ne vous engageant que dans vos expériences quotidiennes et en faisant peu pour cocréer les expériences plus vastes qui vous entourent.

Considérez le monde qui vous entoure. Sentez votre passion. Laissez-la vous dire quelle part du monde qui vous entoure vous aimeriez recréer à neuf. Puis, utilisez les outils qu'on vous a donnés pour entreprendre cette recréation. Utilisez les outils de votre société : ceux de la religion, de l'éducation, de la politique et de l'économie, entre autres. Vous pouvez y recourir pour *affirmer* Qui Vous Êtes.

Ne vous imaginez pas que la spiritualité et la politique ne font pas bon ménage. La politique est une *démonstration* de la spiritualité.

Ne croyez pas que l'économie n'ait rien à voir avec la spiritualité. En fait, elle *la révèle*.

Ne croyez pas que l'éducation et la spiritualité peuvent, ou doivent, être séparées. Car ce que vous enseignez, c'est qui vous êtes – et si ce n'est pas de la spiritualité, qu'est-ce donc ?

Et ne vous imaginez pas que religion et spiritualité soient deux choses différentes. La spiritualité, c'est ce qui édifie un pont entre le corps, l'esprit et l'âme. Quant aux religions véritables, elles édifient des ponts, et non des murs.

Soyez donc des constructeurs de ponts. Refermez les écarts qui se sont formés entre les religions, entre les cultures, entre les races et entre les nations. Joignez ce qui a été déchiré.

Respectez votre lieu d'habitation dans l'univers et soyez-en de bons gardiens. Protégez votre environnement et sauvegardez-le. Renouvelez vos ressources et partagez-les.

Rendez gloire à Dieu en vous glorifiant les uns les autres. Voyez Dieu en tout et aidez tous ceux qui voient Dieu en eux-mêmes. Faites cesser à jamais vos divisions et vos antagonismes, vos rivalités et vos batailles, vos guerres et vos tueries. Mettez-y fin. *Mettez-y une fin.* Toutes les sociétés civilisées finissent par le faire.

Voilà mon message à votre intention, et il n'est pas terminé.

Si vous désirez véritablement faire l'expérience du monde de vos rêves les plus élevés, vous devez aimer sans condition, partager librement, communiquer ouvertement et créer dans la coopération. Sans entretenir de programmes cachés, limiter l'amour ou entraver quoi que ce soit.

Vous devez décider de ne faire qu'Un, vraiment. Ce qui est bon pour un autre l'est pour vous, ce qui est mauvais pour un autre l'est aussi pour vous, ce que vous faites pour un autre, vous le faites pour vous, et ce que vous ne faites pas pour un autre, vous ne le faites pas pour vous.

Vous est-il possible d'agir ainsi ? Les humains sont-ils capables d'une telle splendeur ?

Oui. Je vous réponds oui, oui, mille fois oui !

N'ayez crainte : il restera toujours « ce que vous n'êtes pas » en quantité suffisante pour créer un champ contextuel dans lequel vous ferez l'expérience de Ce Que Vous Êtes Vraiment. Tout l'univers est votre champ contextuel ! Toute votre mémoire, aussi.

Les aînés et les sages parmi vous vous exhortent souvent à ériger des monuments, à créer des journées spéciales et des rituels particuliers pour commémorer votre passé : vos guerres, vos holocaustes et tous ces moments de *dis*grâce. Vous vous demandez peut-être pourquoi vous devez les commémorer, pourquoi continuer de soulever le passé. Et vos sages diront : « Pour ne pas oublier. »

Leur conseil est plus averti que vous ne le croyez, car en créant un champ contextuel dans la mémoire, vous rendez inutile le fait d'en créer un dans l'instant présent. Vous pouvez vraiment lancer « Plus jamais », en toute certitude. Et en le déclarant, vous *utiliserez* vos moments de *dis*grâce pour créer des moments de grâce.

Votre espèce peut-elle émettre une telle déclaration ? La race humaine peut-elle se rappeler ce qu'elle était lorsqu'elle reflétait, dans chaque pensée, chaque parole et chaque action, l'image et la ressemblance de Dieu ? Êtes-vous capables d'une telle splendeur ?

Oui. Je vous réponds oui, oui, mille fois oui !

Voilà ce que vous êtes tous destinés à être. Voilà à quoi la vie était destinée avant que vous ne vous perdiez dans les Illusions.

Il n'est pas trop tard. Loin de là. Vous qui êtes si glorieux, si merveilleux, vous pouvez le faire, vous pouvez l'*être*. Vous pouvez *être amour*.

Sachez qu'à travers tout, je suis avec vous. Voici la fin de cette communication, mais ce ne sera jamais la fin de notre collaboration, de notre cocréation ou de notre communion.

Vous serez toujours en amitié et en communion avec Dieu.

Je serai toujours avec vous, jusqu'à la fin des temps. Je ne pourrai jamais ne pas l'être, car je *suis* vous, et vous êtes moi. C'est la vérité, tout le reste est illusion.

Alors, poursuivez votre route, mes amis, poursuivez votre route. Car le monde s'attend à entendre *votre* message de salut.

Ce message, c'est votre vie telle que vous l'aurez vécue.

Vous êtes tous des prophètes. Le temps en est venu. Car ce que vous allez démontrer de votre vie d'aujourd'hui est une prédiction absolue de ce qu'elle sera demain. Cela fait de vous de véritables prophètes.

Votre monde va changer parce que vous choisissez de le transformer. Votre toucher guérit davantage que vous ne le croyez, et votre portée va au-delà du lendemain.

Tout cela est vrai parce que vous choisissez de permettre à la merveille de votre communion avec moi d'être démontrée en vous, dans votre rôle et par votre intermédiaire. Faites-en souvent le choix et apportez la paix à mon monde.

Devenez l'instrument de ma paix.

Là où il y a de la haine, semez de l'amour ;
Là où il y a une blessure, semez le pardon ;
Là où il y a du doute, semez de la foi ;
Là où il y a du désespoir, semez de l'espoir ;
Là où il y a de l'obscurité, semez de la lumière ;
Là où il y a de la tristesse, semez de la joie.

Ne cherchez pas tant à être consolé qu'à consoler ;
à être compris qu'à comprendre ;
à être aimé qu'à aimer.

Car l'amour est Qui Vous Êtes et qui vous avez toujours été. C'est ce qu'il y a jamais eu, est et sera jamais.

Vous avez cherché une vérité selon laquelle vivre votre vie, et je vous la donne ici, à nouveau.

Soyez amour, mes Bien-Aimés.

Soyez amour, et votre longue voie vers la maîtrise prendra fin, au moment même où commencera votre nouveau cheminement en vue d'amener les autres à la maîtrise. Car l'amour est tout ce que vous êtes, tout ce que je suis, et tout ce que nous étions jamais destinés à être.

Ainsi soit-il.

En terminant

Cette communication extraordinaire, qui, je crois, m'a été inspirée par le divin, a répondu à un grand nombre des questions qu'il me restait sur Dieu et la vie. Ajoutée aux précédents ouvrages *Conversations avec Dieu* et *L'amitié avec Dieu,* elle offre une cosmologie étonnamment claire et incroyablement cohérente.

Pour moi, la « révélation » la plus importante, c'est que je n'ai aucunement besoin de ces cinq livres – ni de quoi que ce soit d'autre, d'ailleurs. La cosmologie entière est une Illusion, et la Première Illusion est celle du Besoin.

C'est une prise de conscience inouïe. Elle définit en termes clairs et concis Qui Je Suis Vraiment.

Je suis :

Ce qui est dépourvu de besoins.

Ou tout simplement *Ce qui est.*

Ou plus simplement *Cela.*

Qui devient l'ultime affirmation de l'Être :

Je suis Cela.

Il est intéressant de voir que tous les maîtres véritables ont prononcé cette phrase. Je ne l'avais tout simplement pas comprise.

Maintenant, j'y suis.

Tout ce que vous avez à faire lorsque les choses ne sont pas claires et que la vie devient confuse, c'est d'envisager ce que vous regardez en disant : « Je suis cela. »

De la sorte, toute confusion disparaît. Toute colère et tout ressentiment s'estompent. Toute dysfonction et toute discontinuité s'évanouissent. Tout ce qui reste, c'est Vous et l'Amour, et ils ne font qu'Une seule et Même chose.

Dans un tel état de conscience totale, les solutions se présentent automatiquement. En effet, la solution la plus grandiose, c'est d'être conscient de l'inexistence du problème. *Rien ne fait problème aux yeux de Dieu.* C'est par les yeux de Dieu que vous voyez. Seulement, vous ne le savez pas. Jusqu'à ce que vous le sachiez. Cela étant, vous chantez : *J'étais aveugle, mais maintenant, je vois.* Et c'est vraiment une grâce. C'est l'un des instants de grâce – de conscience du divin – qui peuvent vous arriver n'importe quand.

Je crois que tous ces instants font partie d'un processus que je nomme le rappel. (D'autres l'ont appelé évolution.) Nous sommes tous en train de le subir.

Comment fonctionne-t-il ?

Nous prenons d'abord conscience de ce qui est divin tout autour de nous. Puis, nous devenons conscients du divin en nous. Finalement, nous devenons conscients du fait que Tout est divin, et qu'il n'y a a *rien d'autre.*

Voici venu le moment de notre éveil.

Et une fois éveillés, nous prendrons les moyens pour éveiller les autres. C'est tout naturel. C'est l'étape suivante. C'est ce qui nous permet de fonctionner, de faire l'expérience de Qui Nous Sommes Vraiment.

Nous chercherons dans le monde des occasions de le faire. Certains d'entre nous les créeront.

Si nous nous joignons pour réaliser ces créations, je crois qu'elles auront beaucoup plus de pouvoir. Voilà ce que veut dire *chaque fois qu'au moins deux d'entre vous se rassembleront...*

Cela me rappelle les paroles d'un merveilleux chant chrétien... *Nous nous rassemblons pour demander la bénédiction du Seigneur.*

L'une des façons de le faire – il y en a beaucoup, en fait – serait de vous joindre à d'autres gens qui ont été profondément touchés par le message de *Communion avec Dieu,* de *L'amitié avec Dieu* et de la trilogie *Conversations avec Dieu,* et qui souhaitent que chacun puisse faire l'expérience du contenu de *CAD.* Ce message a changé la vie de millions de gens et il peut transformer le monde.

Nous pouvons changer le monde.

À ce jour, *Conversations avec Dieu* a été traduit en 27 langues. Les livres qui l'accompagnent ont également pénétré dans des foyers du monde entier. Cela a produit une onde d'énergie gigantesque. Partout, des gens demandent : *Comment puis-je faire de cette sagesse libératrice de l'âme une partie de ma vie quotidienne ? Comment puis-je la partager avec d'autres ?*

Lorsque *Conversations avec Dieu* a été publié en 1995, ma femme Nancy et moi répondions au courrier sur notre table de cuisine. Les lettres arrivent maintenant à raison d'environ 300 par semaine – parfois même jusqu'à 600 ! Ajoutez à cela un nombre égal d'appels téléphoniques et de courriels, et vous pouvez imaginer comme le temps est loin où nous pouvions suivre le rythme.

Cet influx d'énergie comprend des demandes d'éclaircissement sur les passages les plus audacieux, des questions urgentes quant à leur application dans la vie quotidienne, des demandes de livres, de cassettes et de programmes éducatifs ainsi que des propositions d'affaires frappantes et alléchantes provenant de gens partout dans le monde qui ont des idées sur la façon de propager le message de *CAD.*

Afin de pouvoir y répondre, Nancy et moi avons créé deux sociétés – une fondation à but non lucratif, ReCreation, et un organisme à but lucratif, Greatest Visions, Inc.

La fondation à but non lucratif nous permet d'accomplir un travail extraordinaire dans le monde en appliquant de diverses manières le message des *Conversations avec Dieu*. Pour ce qui est de la société à but lucratif, elle nous donne une flexibilité maximale dans la production des fonds nécessaires pour effectuer ce travail. Tous les profits après impôts de Greatest Visions sont versés à ReCreation et à d'autres organismes à but non lucratif dont la mission est en profonde harmonie avec *CAD*. Greatest Visions reçoit les demandes de bourses, grandes et petites, d'associations à but non lucratif du monde entier.

Ces demandes ont augmenté à un point tel que nous recevons maintenant de l'aide de gens de tous les milieux qui choisissent de se joindre à nous pour ce travail *qu'ils considèrent comme le leur*.

Notre mission consiste à « redonner les gens à eux-mêmes ». C'est-à-dire leur redonner l'expression la plus élevée, l'expérience la plus grandiose et la conscience la plus grande de ce que veut dire être pleinement humain.

Peu d'humains en font l'expérience. Trop, parmi eux, traversent une vie de désespoir tranquille auquel nous pouvons mettre fin. Nous n'avons jamais manqué de bonnes idées à cet égard. Nous avons tout simplement manqué de volonté.

Mais à présent, nous la rassemblons de plus en plus. Progressivement, nous voyons ce qu'il faut voir, disons ce qu'il faut dire, rassemblons ce qu'il faut rassembler – la sagesse, le courage, la détermination – pour aider les gens à vivre ce qu'ils étaient destinés à vivre, à mettre fin à notre cauchemar collectif et à réaliser notre rêve à tous le plus glorieux.

Graduellement, nous regardons notre monde et décidons de nous recréer à neuf dans la version la plus grandiose de la plus grande vision que nous ayons jamais entretenue à propos de Qui Nous Sommes.

C'est dans ce processus de re-création que nos deux organisations sont profondément engagées. Et c'est à cette même démarche que nous invitons tous les gens qui ont été touchés par *CAD* à participer. Chacun peut « rester relié » à cette énergie ou s'engager dans ce travail de bien des manières. Le bulletin *Conversations* en est une. On peut s'y abonner en envoyant 35 $US pour 12 numéros (45 $US à l'extérieur des États-Unis) à « Newsletter », à l'adresse ci-dessous. *Conversations* fait part de nouvelles sur des programmes, retraites, séminaires, conférences et autres activités et événements à venir, et prodigue même des conseils pratiques sur la façon de manifester maintenant votre vision la plus grande dans votre vie.

Il contient également un Répertoire de ressources (gens, produits, programmes et services) disponibles à l'échelle du pays pour vous aider sur la voie d'une plus grande expérience spirituelle et d'un lien plus profond avec Dieu. Finalement, il comporte une section spéciale sur la bonne façon de gagner sa vie et d'appliquer le message des livres *Conversations avec Dieu* dans la vie de tous les jours.

Notre programme *Empowerment Week* comprend un cours de six jours très particulier qui offre des conseils pour mieux comprendre le contenu des livres *Conversations avec Dieu* et des trucs pratiques pour propager leur message dans une communauté et dans le monde en général à tout animateur de groupes d'études, instructeur ou présentateur de retraites et d'ateliers. *Empowerment Week* fournit des outils avec lesquels partager efficacement ce qui a si profondément touché votre âme.

De même, nos retraites intensives de cinq jours, *Recreating Yourself*, offrent une occasion extraordinaire d'appliquer la sagesse de *CAD* au quotidien – et de vous recréer à neuf.

Grâce à ces programmes, et à bien d'autres, notre travail est fort excitant, tout comme vos réactions. Nous croyons qu'ensemble, nous pouvons changer les choses.

Par exemple, *CWG In Action* vous offre l'occasion de vous joindre à d'autres membres pour aider à soutenir certains efforts extraordinaires destinés au grand public, tels :

Le *Forum international sur l'usage de la spiritualité pour mettre fin au conflit*, à Séoul, en Corée du Sud, en juin 2001 – l'œuvre de la New Millennium Peace Foundation, que *CWG In Action* a aidé à faire naître.

The Heartlight School, une école audacieuse dont le programme emballant et innovateur est fondé sur les principes de *CAD*, dont la Fondation a établi un projet pilote à Ashland, en Oregon.

The Wisdom Circle, à travers lequel des centaines de personnes du monde entier font des observations sur la façon dont le contenu de *CAD* peut être appliqué à la vie quotidienne. Tout cela aux gens désireux de recevoir d'urgence ce genre de conseils.

Home, Street Home, un programme destiné à aider ceux qui ont élu domicile sur un trottoir, dans un parc ou sous un pont. Il répond aux besoins immédiats et aide des gens à subvenir éventuellement à leurs propres besoins – et à voir, comme nous sommes tous en train de l'apprendre, que le Besoin est en soi une Illusion.

On peut devenir membre de *CWG In Action* en versant une cotisation de 125 \$US qui aidera – par les moyens très directs décrits ci-dessus – à appliquer *CAD*. En devenant membre de *CWG In Action*, vous envoyez un message de soutien à nos actions et vous nous faites part de votre décision d'ajouter vos énergies aux nôtres. Les membres reçoivent un rapport spécial, le *Quarterly Update*, leur expliquant à quoi sert leur argent et comment ils aident à changer le monde. En guise d'appréciation du rôle important qu'ils jouent en modifiant le paradigme de notre expérience collective sur cette planète, ils reçoivent également un joli certificat de la Fondation.

Certains d'entre vous sont intéressés non seulement à nous aider à répandre le message qui a touché leur vie de manière si positive, mais aussi à *le répandre avec nous.* Des gens de partout nous ont écrit en demandant comment ils peuvent le faire, et s'ils le peuvent.

La réponse est oui, bien sûr. Si ce contenu vous touche à tel point que vous voulez le partager avec d'autres, faites-le à tout prix, s'il vous plaît. Vous n'avez nullement besoin de ma permission. La plupart des 250 groupes d'études de par le monde (à notre connaissance !) ont été lancés à notre insu. Nous ne les avons ni fondés ni commandités d'aucune façon.

Si vous souhaitez notre assistance et notre soutien dans ces merveilleux efforts, communiquez avec la Fondation à propos de notre programme *Empowered Partners.* Ce programme sans frais offre suggestions et conseils, ainsi que des occasions de développer des contacts, à ceux qui cherchent à se donner le pouvoir nécessaire pour répandre le message de *CAD* dans le monde.

Pour plus d'information à propos de *CWG In Action,* du programme *Empowered Partners* ou de tout autre aspect de notre travail, veuillez entrer en contact avec nous à l'adresse suivante :

The ReCreation Foundation
PMB 1150
1257 Siskiyou Blvd.
Ashland, Oregon 97520
Téléphone : 541-482-8806
Courriel : *recreating@cwg.cc*

Si vous voulez offrir un produit ou un service relié à cette série de livres et qui, selon vous, servirait à générer des revenus additionnels pour alimenter cette vision tout en créant une bonne source de revenus pour vous-même et pour les autres, veuillez nous joindre à l'adresse suivante :

Greatest Visions, Inc.
PMB 502
2305-C Ashland Street
Ashland, Oregon 97520
Internet : *www.conversationswithgod.org*
Téléphone : 541-482-5706
Courriel : *mail@greatestvisions.com*

Que Dieu vous bénisse. Je vous remercie d'être venus ici avec moi et de m'avoir suivi tout au long du processus qui a produit la trilogie. Ce fut une expérience extraordinaire et, si elle a affecté votre vie, ne serait-ce qu'à une fraction du degré auquel elle a touché la mienne, je sais qu'elle nous a tous merveilleusement changés.

Maintenant, ensemble, transformons notre monde. Qu'en dites vous ?

Neale Donald Walsch

À propos de l'auteur

Neale Donald Walsch a changé l'idée que le monde se fait de Dieu. Ses livres ont été traduits en vingt-cinq langues, et sa trilogie *Conversations avec Dieu* fait partie de la liste des best-sellers du new-York Times – le tome 1 depuis plus de deux ans.

Présentement, M. Walsch vit avec sa femme, Nancy, dans le sud de l'Oregon. Ensemble, ils ont formé ReCreation, une fondation à but non lucratif vouée à la croissance personnelle et à l'intelligence spirituelle, dans le but de redonner les gens à eux-mêmes. L'auteur prononce des conférences et organise des retraites aux États-Unis et dans le monde entier afin de soutenir et de répandre les messages que renferment ses livres extraordinaires.